Thomas Lennert

Berlin, Berlin...
wo führste mir
noch hin ?

Berliner Begegnungen aus

fünf Jahrzehnten

www.tredition.de

© 2018 Thomas Lennert
2. verbesserte Auflage
Verlag und Druck: tredition GmbH, Hamburg

ISBN
Paperback: 978-3-7469-7363-0
Hardcover: 978-3-7469-7364-7
e-Book: 978-3-7469-7365-4

In knapp 50 Kapiteln werden Begegnungen in Berlin in den letzten 50 Jahren skizziert. Begegnungen mit guten und bösen Prominenten wie

Gudrun Ensslin, Rainer Hildebrandt, Günter Grass, Ernst Fuchs alias Carlos Vanzetti, Manfred Roeder, Klaus der Geiger, der Sänger Peter Rohland, Kurt Mühlenhaupt, Helmuth Karasek, Otto Jägersberg, Jochanan Bloch, Martha Vogeler, Thomas Christoph Harlan, und Emmy, die Schwester des Malers Otto Mueller, aber auch mit den Professoren Selbach und Fischer der FU Berlin und dem Erpresser „Dagobert". Daneben ganz Unbekannte wie der Arzt Werner Krause, meine Tante Dora, ein Deutschlehrer und der Maurer Heinz. Dazu „Karl-Heinz, das Krokodil, das neulich in die Panke fiel", und ein Elefant im Grunewald.

Das Ganze wird gemischt mit Tagebucheintragungen aus meiner Jugend, Leserbriefen, gelegentlichen Gedichten und Phantasiegeschichten aus dem Berliner Alltag.

Die Berliner Mauer spielt eine große Rolle, an der wir Räuber und Gendarm gespielt haben. Es wird gezeigt, warum die Mauer höher ist als der Moskauer Fernsehturm, wie man ein Mikroskop durch die Mauer schmuggeln kann und was Grenzgänger mit der Zigarettensorte „Rothman-Kingsize" anfangen konnten.

Es geht um ein fiktives Telefonat mit Präsident Bill Clinton. Auch wird der Frage nachgegangen, ob Fencheltee gegen Erektionsschwäche hilft. Helmut Kohl und Eberhard Diepgen kommen auch vor.

Es wird erörtert, ob es eher zu einer Seenot im Tegeler See kommt oder zu einer Bergnot am Teufelsberg.

Häufig sind die Texte mit offener oder verborgener Bewunderung geschrieben, manchmal aus Wut und Empörung, gelegentlich auch aus Ironie und versteckter Schadenfreude.

Immer aber sollen sie Zugang verschaffen zur Seele und zum Geist dieser Stadt und zu ihren Bewohnern, über deren Witz Werner Helwig einmal gesagt hat, er reiße „Luftlöcher, Schlupflöcher, Türen, Pforten, Brandenburger Tore in die Gummizelle der Hoffnungslosigkeit".

tredition®
www.tredition.de

Widmung

Meinen Kindern Florian, Moritz, Susanne und Felix gewidmet, die das Glück hatten, in Berlin geboren und aufgewachsen zu sein, bevor sie die weite Welt entdecken durften.

Inhalt

Berliner Heimatkunde I

Geschichten vom GU

Berliner Heimatkunde II

Nachrichten aus der Freien Universität Berlin

Berlin von rechts

Berliner Druckfehler

Berliner

Wer das Glück hat, als Berliner zur Welt gekommen zu sein, kann, falls er lange Zeit außer der Heimat zu leben gezwungen ist, bei der überraschenden Begegnung mit andern Berlinern erleben, wie viel „Heimat" einzig und allein schon im Dialekt liegt. Besonders wenn es einem lausig geht, bewährt dieser Dialekt eine ungeheuer objektivierende Kraft. Den Weltdingen gibt er plötzlich jenes Maß von Wirklichkeit, durch welches wir befähigt werden, sie zu bestehen…

Das Ausweglose verträgt sich schlecht mit dem Berlinischen. Der Witz reißt Luftlöcher, Schlupflöcher, Türen, Pforten, Brandenburger Tore in die Gummizelle der Hoffnungslosigkeit.

Werner Helwig: Das Glück, Berliner zu sein

Vorwort

Der älteste Berliner, dem ich persönlich begegnet bin, existierte nur noch als Totenschädel. Er war vermutlich Insasse eines mittelalterlichen Siechenheims gewesen, dessen Überreste in Form von zahlreichen Skeletten bei der Ausschachtung der Fundamente für ein neues Postamt in Spandau entdeckt wurden. Zunächst wurde die Kripo eingeschaltet. Der waren die Reste zu alt. Dann die Archäologen. Denen waren die Reste zu jung. Schließlich spielten die Bauarbeiter mit den Schädeln Fußball. Das beobachtete Monika S., eine tüchtige MTA, mit der ich im Stoffwechsellabor des Klinikums Westend der FU 1966 an meiner Doktorarbeit arbeitete. Sie kam auf dem Weg zur Arbeit immer an der Baustelle vorbei und erklärte sich bereit, mir einen Schädel mitzubringen. Ich war damals der Überzeugung, ein Mediziner braucht doch einen Totenschädel.

Er hat bis heute einen Ehrenplatz auf meinem Bücherregal. Professor Thomas Schnalke, der Direktor des Berliner Medizinhistorischen Museums, empfahl mir allerdings kürzlich mit Hinblick auf mein fortgeschrittenes Alter, zu dem Schädel eine Erklärung seiner Herkunft zu legen, damit meine Erben nicht nachträglich noch Ärger bekommen. Vielleicht reicht dafür ja dieser Text.

Ich erwähne dies nur, um zu zeigen, auf wie vielen Ebenen man Berlinern begegnen kann. Berlin ist so vielschichtig wie Rom oder Jerusalem. Erst kürzlich stieß man auf Fundamente der Altstadt und auf vergrabene Schätze der sogenannten „Entarteten Kunst".

Die Stadt ist so groß, dass es oft Jahre dauern kann, bis man Menschen wieder trifft, die einem mal wichtig waren. In Freiburg, als Student, traf ich fast täglich dieselben Menschen, ob ich wollte oder nicht.

Die Anonymität der Großstadt erzeugt Depressionen, aber auch das Gefühl großer Freiheit.

Viele Schriftsteller und Dichter wurden davon angezogen. Nicht alle waren es zufrieden. Goethes Urteil soll niederschmetternd gewesen sein, Tucholsky ist verbittert emigriert und Erich Kästner zog es fort, als er seine eigenen Bücher auf dem Opernplatz brennen sah.

Es ist leicht, in Berlin auf prominente Schriftsteller oder Politiker zu treffen, um ihnen bei Lesungen oder bei Kundgebungen zu lauschen. Davon soll hier aber nicht die Rede sein. Auch die Medizin wird nicht im Zentrum der Aufmerksamkeit stehen, wohl aber einige Mediziner, die nachhaltigen Eindruck auf mich gemacht haben, sei es in positiver oder negativer Hinsicht. „Lennert, hüten Sie sich vor dem Anekdotischen!" hat mir mein väterlicher Freund, der große Kinderarzt und Medizinhistoriker Eduard Seidler, vor Jahren einmal zugerufen. Nicht immer ist mir das gelungen, aber ich habe mich zumindest bemüht, hinter der Anekdote das Allgemeingültige zu finden.

Berlin ist wie eine große Bühne mit Helden und Schurken, schönen Frauen und Komödianten. Sogar einen echten Eisernen Vorhang gab es, wenigstens zeitweise. Nicht alles hat sich so zugetragen, wie es hier beschrieben steht. Da sind einmal die Tücken meines älter werdenden Gedächtnisses, die manche Erinnerung verfälschen oder trüben können. Daneben geht es aber auch um Phantasien, Glossen und Träume, neben Briefen und Tagebuchaufzeichnungen, die alle nur dem einen Zweck dienen sollen: Die Buntheit und Vielschichtigkeit Berlins und die Schnoddrigkeit und ruppige Herzlichkeit seiner Bewohner denen, die nicht das Glück haben, in Berlin zu leben, nahe zubringen.

Thomas Lennert, Berlin, April 2011

Gescheiterter Versuch einer Einleitung

Am 22. Februar 1997, einem Samstag, stand ich am frühen Nachmittag am Schalter der Internen Ersten Hilfe des Klinikums Steglitz. Ich hatte am Vormittag bei Getränke-Hoffmann mehrere Kästen Mineralwasser geholt von der billigen Sorte, die bei Hoffmann immer in der hintersten Ecke gelagert werden und deshalb so schwer zu heben sind. Dabei hatte ich plötzlich eine Schwäche verspürt, gefolgt von heftigem Schweißausbruch. Ich fuhr mit meinen Kästen nach Hause. Als sich der Zustand nicht besserte, brachte mich meine Frau ins Klinikum Steglitz. Während sie noch nach einem Parkplatz suchte, ging ich schon mal zu Fuß in die Erste Hilfe und bat voller Vorahnung höflich um ein EKG. Der diensthabende Internist schaute mich etwas belustigt an. „Wenn Sie meinen, Herr Kollege…". Dann holte er das EKG-Gerät. Es war ein Vorderwand-Infarkt und alles ging seinen geordneten Gang. Als mir die Herren Kardiologen Oeff und Schultheiß auf dem Bildschirm freundlicherweise den Herzkatheter zeigten, wie er sich den Weg zu meinen Herzkranzgefäßen suchte, musste ich an Werner Forßmann denken, der uns Studenten 1963 auf dem Nobelpreisträgertreffen in Lindau fröhlich erzählt hatte, wie er sich in Eberswalde selbst einen Katheter bis ins Herz schob, nachdem er seine heftig protestierende Oberschwester, die sich statt seiner als Versuchsperson angeboten hatte, auf dem Untersuchungstisch fest geschnallt hatte. Nur hatte er noch keinen so schönen Bildschirm wie ich. Und anders als ich wusste er noch nicht genau, ob man das überlebt.

Meine Gedanken blieben in Lindau hängen bei meiner Freiburger Flamme Urda, mit der ich damals auf dem studentischen

Fackelzug, den sich die Nobelpreisträger gewünscht hatten, gemeinsam alle Strophen von „Gaudeamus igitur..." singen sollte, obwohl wir kaum die erste kannten. Auf dem Festabend hat uns dann der Berliner Physiologie-Professor Otto Gauer, Nachfolger von Max Heinrich Fischer und kein Nobelpreisträger, aber doch fast, für 20 DM ein Mädchen verkauft.[1] Derselbe Gauer, für den ich einmal als Versuchsperson im Keller seines Berliner Instituts, gegen gute Bezahlung, stundenlang mit einem Taucheranzug in einem Wasserbecken liegen musste, um den Effekt der Schwerelosigkeit auf die Harnausscheidung zu testen. Der Versuchsassistent, der mich stündlich mit einem Flaschenzug aus dem Wasserbecken hievte, um mir dann mit Hilfe eines Schraubenschlüssels den freien Harnfluss zu ermöglichen, war übrigens Diethelm Kaiser, der spätere Berliner Pädiatrieprofessor und Chefarzt der Kinderklinik Pforzheim. Ihm verdanke ich die Mitteilung, dass nach meinen Testergebnissen dann später die Größe der Windeln für die amerikanischen Astronauten berechnet werden sollte.

In Lindau war auch der Berliner Kommilitone Heinrich B., der so gut Schach spielen konnte und später für die Stasi die Berliner SPD ausspioniert hat. Seine Putzfrau fungierte als Kurier und war die Oma Erna meines späteren Patienten Dirk N. Aus dem Knast schrieb sie ihm ins Krankenhaus: „Auch für uns beide wird die Sonne einmal wieder scheinen!" Und Heinrichs Bruder Walter wurde mein geschätzter pädiatrischer Kollege im Kaiserin Auguste Victoria Haus, mit dem ich immer mittwochs auf der Chefvisite zur Verblüffung der Studenten im Hintergrund halblaut die neuesten Verwicklungen der „Dallas"-

---

[1] Genau genommen hat er es uns natürlich nicht verkauft, er war ja kein Mädchenhändler. Aber er bot uns 20 DM, wenn wir uns um das Mädchen kümmern würden, das die Festleitung ihm als Tanzpartnerin zugeteilt hatte. Er hätte schließlich noch andere gesellschaftliche Verpflichtungen.

Sendung vom Vorabend erörtert habe. Heinrichs und Walters Vater Max hatte übrigens zusammen mit Robert Havemann und Georg Groscurth im Dritten Reich im Krankenhaus Moabit in einer Widerstandsgruppe gearbeitet.

Und...und...und...

Halt! Stop! So geht das nicht. Wer soll sich denn da noch durchfinden?!

Am besten, wir fangen noch mal von vorne an. Wie alles begann.

Ankunft in Berlin

Seit dem Herbst 1954 wusste ich, dass wir nach Berlin ziehen würden, wo mein Vater eine Stelle als stellvertretender Leiter des Wissenschaftlichen Landesprüfungsamtes antreten sollte.

Ich war noch nie in Berlin gewesen, aber meine Tante und meine Großmutter lebten dort. Sie hatten uns manchmal besucht. In den ersten Nachkriegsjahren gab es da, wie ich alten Kinderbriefen entnehme, manchmal Probleme mit einem „Trebbelorder", den man wohl für eine solche Reise brauchte. Später war die Großmutter zu alt und zu krank zum Reisen. Sie starb, bevor wir nach Berlin kamen.

Auf unserer letzten Winterfahrt mit den Lüneburger Pfadfindern hatten wir Berliner Jugendliche getroffen, die in den Harz getrampt waren, was mich irgendwie froh stimmte. Man war dort also nicht ganz eingesperrt.

Mein Vater hatte schon ein Gymnasium ausgesucht, das für unsere humanistische Sprachenfolge in Frage kam, das „Arndt-Gymnasium" in Berlin-Dahlem. Als ich das einem meiner Lüneburger Lehrer erzählte, erinnerte er sich: *„Die Schule hatte auch ein Internat. Da hatte ich mal einen Nachhilfeschüler, einen Adligen aus der Mark Brandenburg. Der war zwar dumm wie Bohnenstroh, aber jeden Morgen machte er einen Ritt durch den Grunewald."*

Ob es da wohl immer noch so elitär zuging?

Der Umzug war eine komplizierte Angelegenheit. Die DDR verlangte damals Listen mit den Titeln sämtlicher Bücher in doppelter Ausfertigung, woran die ganze Familie wochenlang arbeiten musste.

An einem kalten Februartag war es endlich soweit. Mein älterer Bruder Andreas und ich baten unsere Eltern um Erlaubnis, im

Möbelwagen der Firma Hertling mitzufahren. Die Fahrer stimmten auch zu und so machten wir uns mit den beiden Fahrern in der geräumigen Fahrerkabine des Möbelwagens auf ins große Abenteuer Berlin.

Die ausgedehnte Grenzkontrolle hinter Lauenburg mit sorgfältiger Überprüfung der Ladung war für uns aufregend und spannend. In meinem Tagebuch findet sich die Eintragung:

„Haben tüchtig gefroren. Der Winter ist noch nicht vorbei. – Ein schriller Gegensatz: An Hauswänden mit Aufbauparolen vorbei schleppen zwei Vopos einen Grenzgänger. – Der Orion, der Große Jäger, begleitete uns in der Nacht."

Die halbe Nacht durch quatschten wir mit den Fahrern, die uns ihre Heldentaten erzählten. Jetzt begriff ich, warum unser Vater seiner Tochter nicht das Trampen erlaubte. Total durchgefroren rollten wir morgens über die Heerstraße in die Stadt. Da das Möbellager noch nicht offen war, machten wir in einer Imbissbude Rast und tranken einen Tee. Ich lernte dabei als erste großstädtische Kulturtechnik, dass man besser nicht Milch und Zitrone zusammen in den Tee kippen sollte.

Auf dem Möbelhof der Firma Hertling in der Sophie-Charlotten-Straße in Charlottenburg kletterten wir aus der Fahrerkabine und verabschiedeten uns. Ich bin später, als ich in der Kinderklinik am Heubnerweg, dem Kaiserin Auguste Victoria Haus, arbeitete, täglich an dem Grundstück vorbei gefahren, das mich jedes Mal an meine Ankunft in Berlin erinnerte. Mit der S-Bahn fuhren wir dann nach Schlachtensee in unsere neue Wohnung.

:

Ost - West - Kuckucksnest

Vintery, mintery, cutery, corn,
Apple seed and apple thorn;
Wire, briar, limber lock,
Three geese in a flock.
One flew east,
And one flew west,
And one flew over the cuckoo's nest.

Englischer Kinderreim

Fünf Tage bei Henri Dunant

Angeregt durch meine Berliner Pfadfindergruppe, deren oberster Führer, Herbert C. Stamm, gleichzeitig Generaldirektor

des Berliner Roten Kreuzes war, beschloss ich, in den Herbstferien 1957 in einem Berliner Flüchtlingslager zu arbeiten, dem DRK-Heim „Henri Dunant" am Askanischen Platz 3, wo heute der „Tagesspiegel" seinen Sitz hat.

Aus meinem Tagebuch:

1.10.1957

Das Heim beherbergt über 2000 Personen (Männer, Frauen, Kinder). Die Leute bleiben einige Zeit, bis sie ihre Anerkennung haben, und werden dann nach Westdeutschland geflogen oder gehen, wenn sie nicht anerkannt wurden, in andere Wohnheime über.

Habe zuerst in der Materialausgabe gearbeitet. Leicht sächsische Atmosphäre, da die Flüchtlinge sich auch an den Verwaltungsarbeiten beteiligen können.

Zuerst stumpfsinniges Addieren von Zahlenreihen in dicken Büchern: 2137 Decken...785 Trinkbecher...325 Nachtgeschirre... und Übertrag...und von neuem!...1233 Handtücher... 420 Gummiunterlagen... Brauchte einen ganzen Vormittag, dabei handelte es sich nur um Rück- und Ausgaben der letzten Woche. Nach dem Essen – Eintopf in hellem Saale zusammen mit dem Rotkreuzpersonal – konnte ich dann bei der Buchung mithelfen. Da muss man aber höllisch aufpassen, dass man die beiden Bücher nicht verwechselt und ja nicht die Buchungsnummer vergisst. Sonst gibt's nachher Szenen, wenn Sachen fehlen.

Konnte mir die Leute schon etwas ansehen, die da so kamen: Arbeiter, alte Mütterchen, viele junge Leute, einige Intellektuelle. Nachher noch Wäsche sortieren. Morgen ist Wäschewechsel. Es ist zum Verrücktwerden: Die Wäsche ist verschiedenartig kariert. Jede Sorte – im Ganzen gibt es drei – muss auf einen Haufen. Auf meine Frage heißt es:

„Ja, sehen Sie, man kann den Leuten doch nicht einen Bettbezug von dem einen Muster und einen Kopfkissenbezug von dem anderen geben. Und außerdem: Die helle Sorte geht hauptsächlich auf die Krankenstationen, die dunkle ist für die, die nicht so sauber sind. Wir kennen da schon unsere Pappenheimer!"

Deswegen habe ich jetzt doch noch Muskelkater in den Armen.

2.10.1957

Vormittags bei Vater Sasse. Zur Einführung:

„Ja, bei mir sieht das nicht so schön ordentlich aus wie in den Büros. Das ist hier alles mehr wie ein Magazin."

Dabei wühlt er in einem unentwirrbaren Haufen von Lieferscheinen, Rechnungen, Bestellzetteln. Aber seine Kartei stimmt haargenau. Zum Beispiel: Bestellung von der Küche 788 Apfelsinen. Der Bestand in seiner Kartei: 788. Das kommt daher, dass die Verpflegungsschwester auch eine Kartei führt. Oder: Ich frage ihn, was denn da für ein vergessener Schinken an der Decke hängt. Ich habe das Gefühl, er ist schon völlig verschimmelt. Er sieht mich erstaunt an:

„Das ist durchwachsener Speck. Wissen Sie denn nicht, dass der besser wird, je älter er ist? Aber bitte schön, sehen Sie nach! Hier: 20.9.57: 5 kg Speck. Sehen Sie?"

Ich helfe dem Arbeitskommando beim Zuckerwiegen, Säcketransport, Kistenöffnen. Kommen dabei etwas ins Gespräch:
„Ich kriege hierfür 1,50 DM pro Tag. Aber in den Schlafräumen hält man es ja auf die Dauer nicht aus. Und ich kann doch nicht nur immer Straßen entlang gehen!"
Er scheint aus Ostpreußen zu stammen. Vater Sasse schimpft inzwischen mörderisch auf Reinemachfrauen, Küchenschwestern, Vertreter.
„Alles Lumpen, Vagabunden, Verbrecher, Diebe!"
Dann setzt er sich wieder, schmunzelt mich an und meint:
„So, nun haben wir uns wieder Luft gemacht. Nun geht's gleich viel besser. Wissen Sie, was ich dem Chef gesagt habe, als er nach unserer Arbeit hier unten gefragt hat? Ich tue hier den ganzen Tag nichts und er hilft mir dabei!"
Zum Mittag gibt's Kartoffeln, Fisch und Senfsoße. Kurz noch zu Sasse, dann macht er Feierabend, und ich melde mich bei Schwester Inge im II. Stock
„Ich werd' schon was für Sie zu tun finden!" meint sie bei der Begrüßung. *„Hier, helfen Sie gleich mal dem Ordner, Kinokarten zu verteilen."*
Ich gehe durch die Zimmer.
„Möchte hier jemand Kinokarten für heute Abend?" *„Wie heißt denn der Film?"* *„Der Tod im Nacken".* *„Jesses, nee!"*
Habe auch das Gefühl, hier wäre „Der rote Ballon" besser. Aber wir sind schließlich in Kreuzberg.
Die Arbeit reißt nicht ab: Neuankömmlinge auf die Zimmer bringen, Durchsagen durch alle Zimmer, einer Frau den Kinderwagen drei Stock höher bringen und so fort. Zwischendurch erhasche ich noch einen schelmischen Blick meines kleinen Hausgeistes von gestern. Sie hatte es aber recht eilig. Die Arbeit ruft. Mit zwei Ordnern geht's in ein Zimmer. Deckenkontrolle. Einer Frau ist eine Decke entwendet worden. Plötzlich liegt sie irgendwo auf einem leeren Bett.

„Na, also!" meint der eine Ordner, ein stämmiger Kerl. „Da müssen wir aber immer erst zu dritt erscheinen, was?" Das sind die negativen Seiten. Weiter. Eine Frau meldet, dass ihr Sohn aus dem Krankenhaus zurück ist.

„Wo lag er denn?" fragt die Schwester. „Wärchof" Werkhof, denke ich, wo ist denn das? „So, also im Virchowkrankenhaus" sagt da die Schwester. Aber ansonsten werden mir die Sachsen wieder sympathisch. Im Etagenbüro hilft auch ein junger Kanadier. Ein Mennonit, der sich für zwei Jahre zur Europahilfe verpflichtet hat. War schon acht Monate in Österreich bei ungarischen Flüchtlingen.

3.10. 1957

Morgens wieder Etagendienst bei Schwester Inge in der II Etage. Gehe mit dem Ordner durch alle Zimmer und nehme die Betten auf. Dann hocke ich auch mal ganz alleine im Büro und muss sehen, wie ich fertig werde. Kommt eine Frau:

„Der Arzt sagt, ich soll meinem Kind alle zehn Minuten heiße Wickel machen. Nun weiß ich nicht, wo ich das heiße Wasser hernehmen soll. Können Sie mir nicht eine Bescheinigung…?"

Ich schreibe: Bescheinigung für Heißwasser an… gez. i.V. L.

„Wenn's nicht genügt, kommen Sie noch mal, wenn die Schwester da ist" Die Frau ist nicht wieder gekommen. Später mit der Schwester Spendenzettel verteilen.

„Kann ich nicht ein Kleid bekommen?" fragt eine junge Frau. „Ja, haben Sie denn keins?" „Das schon, aber ich kann doch nicht immer die guten Kleider anziehen!" Natürlich abgelehnt. Da hatte es eine andere Frau schon schlechter. Sie hatte sich einen Rock geborgt, weil ihr Kleid in der Wäsche ist. Nun fliegt die Frau, der der Rock gehört, morgen ab. Was tun? Die Schwester hatte auch keine Spendenscheine mehr. „Sehen Sie mal bei der Fürsorgeschwester, ob da noch was ist." Allmählich lernt man die Leute kennen. Bei der Ankunft sind sie verwirrt, erschöpft, den Tränen nahe oder hysterisch, schweigsam oder anspruchsvoll, ganz der eigene Mensch. Später verlieren sie dann die Hemmungen in positiver und negativer Richtung. Es kommt zu Streit und Zankereien, aber auch zu gegenseitiger Hilfeleistung. Äußerlich sind sie bald alle gleich. Die Frauen rennen meist recht schlampig herum, die Männer arbeiten entweder als Ordner und in den Arbeitskommandos, oder aber sie liegen den ganzen Tag faul in den Betten, wenn sie nicht nach Marienfelde unterwegs sind. Das Zauberwort ist hier „Flugschein". Darauf wartet alles, den schwenkt man freudestrahlend, wenn man zum Abschied kommt. Dann gibt es noch unübersehbare Heerscharen von Kindern jeglichen Alters, die in einer Krabbelstube und zwei Kindergärten zum Teil beaufsichtigt werden. Unter sechs haben sie in den seltensten Fällen ein eigenes Bett, aber auch 14jährige Jungen müssen sich manchmal mit dem Vater das Bett teilen. Das sind natürlich Ausnahmeerscheinungen, die möglichst vermieden werden. Aber das Haus ist mit 200 Personen überbelegt. Die kleinsten Zimmer haben sechs Betten, das größte, ein Tagesraum, beherbergt 70 Menschen, natürlich alle in Doppelstockbetten. In den großen Räumen herrscht meistens ein fürchterlich stickiger, dumpfer Geruch. Daher verfallen die Leute dann dem berüchtigten „Lagerkoller", aus dem sie sich nur durch Arbeit retten können. Aber es sind immer nur die Aktivsten, die sich freiwillig zur Arbeit melden. Und ein besonderes Problem sind meiner Ansicht nach die halbwüchsigen Kinder, die überall herumstehen. Hier wäre eine Aufgabe für Jugendgruppen.

4.10.1957
Vormittags im Hauptbüro. Sehr viel stumpfsinnige Büroarbeit, nicht besonders interessant, obwohl man die Leute immerhin ganz „frisch" bekommt. Aber die waren ja alle schon ein paar Tage in Marienfelde. Höre noch einiges über die Organisation.

Zum Beispiel dürfen Flüchtlinge, bei denen das Aufnahmeverfahren noch läuft, nicht außerhalb des Lagers arbeiten, um den Berliner Arbeitsmarkt nicht zu überlasten. Ausnahmen bilden Mangelberufe. Das ist natürlich eine sehr problematische Situation. Jugendliche von 14 – 21 Jahren, die allein kommen, werden gleich in Marienfelde gesondert behandelt und ausgeflogen in Jugendlager, da sie selbst rechtlich nicht imstande sind, ein Aufnahmeverfahren zu beantragen.

Mittags Erbsen und Bohnen. Ehrlich gesagt, das Essen ist gar nicht nach meinem Geschmack, aber man gewöhnt sich daran. – Gegen 17 Uhr gehe ich noch einmal zum Etagendienst, da im Hauptbüro nichts los ist. Sehr interessanter Zimmerdurchgang, zusammen mit dem Kanadier. Der hat eine unheimlich ruhige und sichere Art der Menschenbehandlung. Da ist das Waschbecken kaputt, dort sind die Fenster nicht geputzt, woanders beklagt man sich, dass zu viele Kinder im Raum wohnen, oder dass man kein Geld hat, um Strickwolle zu kaufen. Für alles hat Mr. Arthur ein Wort der Anteilnahme. Daneben haben wir noch Gelegenheit, Gespräche zu führen über die Situation in der Zone. –

Habe allmählich das Gefühl, so moralisch und charakterlich heruntergekommen ist der Großteil der Leute hier doch nicht, wie sie oft beschrieben werden. Es gibt bestimmte negative Elemente unter ihnen, und bisweilen verliert auch mal ein sonst „Normaler" die Nerven, aber im Ganzen geht es doch.

Mein Hausgeist scheint mir gänzlich untreu geworden zu sein. Ich ihm aber auch.

5.10. 1957

Vormittags wieder Etagendienst: Laufzetteln nachjagen, Bestellungen ins Hauptbüro bringen, zwischendurch Blumen holen, weil Schwester Dorothee Geburtstag hat. Dann wieder Akten abheften usw. Gehe dann zur Fürsorge. Die Fürsorgeschwester scheint den schwersten Posten erwischt zu haben und völlig überlastet zu sein. Sie sagt selber, sie fühle sich manchmal wie im Irrenhaus. Bis ins Krankenhaus muss sie manchen Leuten nachjagen, wenn keine Angehörigen vorhanden sind. Dann muss die Wäsche der Kranken bei der Materialausgabe abgegeben werden, Taschengeld muss gezahlt werden, Spendenverteilung und noch unheimlich viel mehr. Die Schwester hat wenig Zeit, mich groß zu unterrichten. Gehe daher zur Wache. Dort müssen die Heimausweise der Leute geordnet werden, die das Heimgebäude für einige Zeit verlassen, und die Ausweise müssen dann wieder bei Rückkehr ausgehändigt werden. Dabei gibt es nun noch bestimmte Regeln. Aus Sicherheitsgründen wird vermieden, die Namen der Leute zu veröffentlichen. So werden zum Beispiel die Posteingänge nur mit der Ausweisnummer bekannt gegeben. Das verlangt einige Arbeit. Bei der Wache halten die Leute einen Zettel mit ihrem Namen so an die Glasscheibe, dass er nur für die Wache zu lesen ist. Der Ausweis wird dann mit dem Namen nach unten durch einen Schlitz geschoben. Hatte einige Stunden Zeit, das zu lernen. Dabei noch Gespräche mit den anderen von der Wache. Erfahre, dass das „Dunant" noch ein verhältnismäßig ruhiges und diszipliniertes Lager ist. Woanders ist es schon zu viel schlimmeren Zwischenfällen gekommen. Vor allem, wenn die Leute betrunken sind. Zum Heim haben laut Vorschrift Betrunkene keinen Zutritt.

Der Wachdienst gibt einem schön die Möglichkeit, sich die Leute einmal in größerer Zahl anzusehen und gleichzeitig ihre Berufe zu erfahren, die ja auf dem Ausweis vermerkt sind.-

Meinem „Hausgeist" habe ich viel abzubitten. Sie hat sich heute in eine vollendete junge Dame verwandelt und sich sehr herzlich nach meiner Arbeit erkundigt. Sie hat ein unheimliches Glück. In einer Woche fliegt sie nach Lausanne. Wir haben uns herzlich verabschiedet.

Ebenfalls hieß es Abschied nehmen von all den treuen Helfern, besonders von Herrn Sasse, Schwester Inge, Schwester Lilo und auch von Mr. Arthur. Der Mann ist übrigens in meiner Achtung noch höher gestiegen, nachdem ich heute gehört habe, dass er als Mennonit den Wehrdienst verweigert hat und dafür seinen Europahilfsdienst angetreten hat.

Abschließend möchte ich sagen: Es waren Tage, in denen ich menschlich viel gelernt habe. Ich habe Menschen getroffen, besonders auch unter den Flüchtlingen, die mir gezeigt haben, wie man ein fröhliches Leben führen kann auch unter äußerlich sehr schweren Umständen.

Räuber und Gendarm

Nein, nein, die Mauer haben wir anfangs nicht ernst genommen! Dazu war sie zu absurd und eigentlich unmöglich. Diese Stadt konnte man doch nicht einfach so teilen!

Der 13. August 1961 war ein strahlender Sonntag. Wegen einer Party am Samstag hatte ich länger geschlafen. Irgendwann weckte mich der Anruf meines Freundes Jürgen. Er hatte gerade eine telefonische Anfrage seiner Freundin erhalten, die sich als Betreuerin eines Ferienlagers für Berliner Kinder in der Lübecker Bucht aufhielt. Irgendwas sei da in Berlin los, um das Brandenburger Tor herum, ob er Näheres wüsste. Nein, eigentlich sei alles ruhig hier, aber er könnte ja mal nachsehen. Ob ich mitkommen wollte? Am Brandenburger Tor wurden wir von der Wirklichkeit überrascht. Eine große Menschenmenge hatte sich dort versammelt, die von einer dichten Kette westlicher Bereitschaftspolizisten daran gehindert wurde, in den Osten zu stürmen. Die Polizisten versuchten die Menge zu beruhigen, die immer wütender wurde. *„Ihr Schweine!"* wurde gerufen, die ersten Steine flogen. Im Abstand von etwa zwei Metern stand eine ebenso dichte Kette östlicher Grenzpolizisten. Unmittelbar hinter ihnen hatten Arbeiter begonnen, einen Graben auszuheben und eine Mauer aus Steinen hochzuziehen.. Die Ostpolizisten schauten eher grimmig, manche auch verlegen, sie scheuten den Blickkontakt.

Die aufgebrachte Menge wurde immer erregter, die Steinwürfe nahmen zu. Plötzlich hörte man ein Brummen, dann näherte sich ein sichtlich altersschwacher Wasserwerfer vom Osten her der Menge. Sein Rohr fuhr langsam nach oben, es begann aus ihm zu tröpfeln, man hörte eine Pumpe rattern, und dann...ja dann kam schließlich ein kräftiger Wasserstrahl aus dem Rohr in Richtung auf die Menge. Die aber hatte längst Schutz gesucht hinter den Büschen des Tiergartens. Nass wurde niemand. Schließlich zog sich der Wasserwerfer wieder zurück, das Rohr wurde wieder runter gefahren. Schon aber flogen erneut Steine, die Rufe wurden lauter, aggressiver:

„Ihr Verbrecher!" „Ich will zu meiner Oma!"

Das Spiel mit den Wasserwerfern wiederholte sich noch zweimal, es war wie Räuber und Gendarm spielen. Aber wer war hier eigentlich der Räuber und wer der Gendarm? Waren wir nicht die Gendarmen, die die Stadt beschützen wollten, ihre Einheit verteidigten? Und die Gegenseite waren die Räuber, die uns die Stadt kaputt machen wollten und den Ostberlinern den letzten Rest ihrer Freiheit raubten.

Irgendwann machten wir eine erstaunliche Entdeckung. Wir sahen, dass einzelne Zivilpersonen durch die westliche Kette durchgelassen wurden, dann auch durch die östliche und schließlich durchs Brandenburger Tor gingen. Wir fragten die Polizisten, ob wir denn auch hinüber könnten. *„Ja, sicher, wenn Sie einen Personalausweis dabei haben!"* Den hatten wir, und die östliche Seite ließ uns auch bereitwillig passieren. Es war das letzte Mal für 28 Jahre, dass ich durch das Tor schritt. Wie aber war das zu erklären? Es entsprach anfangs der östlichen Politik, den Westberlinern vorzugaukeln, dass sich für sie ja gar nichts geändert habe. Man habe nur einen „antifaschistischen Schutzwall" errichtet, gegen die „imperialistischen Kriegstreiber" des Westens. Wer in friedlicher Absicht käme, würde selbstverständlich hineingelassen. Auffällig war allerdings schon, dass die Ostberliner durch die Volkspolizei in sicherem Abstand von etwa 200 Metern hinter dem Tor gehalten wurden. Wir sahen stumme, entsetzte Gesichter. Man ahnte ihre Fäuste, die sich in den Taschen ballten. Im Hintergrund aber spielten Lautsprecherwagen fröhliche Kinderlieder, gesungen von

Schulkindern als Dank an „unsere bewaffneten Kräfte, die im letzten Moment den Frieden gerettet hatten."

Wir schlenderten kurz die „Linden" entlang. Aber die Atmosphäre behagte uns nicht und wir fuhren mit der S-Bahn wieder zurück, auch diesmal ohne Probleme bei den Kontrollen.

Die visafreie Grenzidylle für Westberliner hielt genau sieben Tage. Inzwischen saßen wir bei der Vorbereitung zum Physikum und mussten hart büffeln. Damals studierten viele Studenten aus Ostberlin, vor allem Mediziner, heimlich an der FU in Westberlin. Deren akademische Laufbahn drohte jetzt jäh zu enden, denn niemals würden sie einen Studienplatz in Ostberlin erhalten und etwa die Jahre an der FU angerechnet bekommen. Unter den Studenten der FU brodelte es. Wir waren sogar der Meinung, das Physikum müsste der äußeren Umstände wegen verschoben werden, aber die Universität ließ sich nicht beeindrucken.

Aber wenn die Grenzen so leicht zu passieren waren, warum besorgten wir nicht Westberliner Personalausweise mit Fotos, die den Studenten drüben, die herüber wollten, ähnlich sahen. So geschah es in unzähligen Fällen.

Mich rief eine Bekannte an, ob ich bereit wäre, eine Studentin aus Ostberlin nach Westberlin zu „begleiten". Ein Ausweis sei schon drüben, ich brauchte nichts weiter zu tun, als mit ihr durch die Kontrollen zu gehen und zu beobachten, falls es Schwierigkeiten gab. Das klang nicht gerade gefährlich, ich stimmte zu. Wir verabredeten uns im Pergamon-Museum, das Erkennungszeichen war ein „Neues Deutschland" unter dem Arm. Wir fanden uns rasch. Sie war aufgeregt und ziemlich blass, ich wohl vor Aufregung eher rot. Wir liefen zur Kontrolle am Bahnhof Friedrichstraße. Ich ging voran, ohne Probleme, und schaute dann hinter einem Mauervorsprung zurück zu meiner Studentin. Da spielte sich folgende Szene ab: Der Vopo schaute das Mädchen an, schaute in den Ausweis, wieder auf das Mädchen, insgesamt dreimal, dann ging ein Strahlen über sein Gesicht und er sagte aus voller Überzeugung: *„Ja, Sie sind's!"*

Da gehörten schon stabile Nerven dazu, nicht laut loszulachen! Wieder dieses Räuber- und Gendarm-Gefühl. Und wieder blieb offen, wer eigentlich der Räuber und wer der Gendarm war. Erleichtert und übermütig rannten wir zur S-Bahn, erwischten natürlich erst mal die falsche Richtung. mussten mit dem nächsten Zug wieder umkehren und landeten dann aber glücklich im Westen. - Ich habe sie nie wieder gesehen, weiß auch längst nicht mehr ihren Namen. Ihr Leben aber hatte sich sicher in diesen wenigen Stunden entscheidend verändert.

Eine Woche nach dem Mauerbau war Werner[2] aus unserer Vierergruppe, die sich gemeinsam zum Physikum angemeldet hatte, plötzlich verschwunden. Erst allmählich sickerte die Nachricht durch, dass er als Fluchthelfer verhaftet und zu fünf Jahren Gefängnis verurteilt worden war. Böse Zungen behaupteten, er habe wohl zu offen in Ostberliner Studentenkneipen mit Westberliner Ausweisen gewedelt und gefragt, wer noch rüber wollte. Als er nach zwei Jahren vorzeitig entlassen wurde, als einer der ersten, die mit Willy Brandts Hilfe freigekauft worden waren, bestritt er allerdings diese Version vehement. Er, der vor der Medizin schon Psychologie studiert hatte, hielt sich was zu Gute darauf, dass die Vopo ihm fast nichts nachweisen konnte und er niemanden denunziert hätte. Aber dass er verraten worden war, stand wohl außer Zweifel. Wieder eine neue Variante des Räuber- und Gendarm -Spiels. Er hat sein Studium dann wieder aufnehmen können, heute ist er pensionierter Chefarzt.

---

[2] Name geändert

Nun aber muss die Rede sein von Yoram[3]. Er war ein Israeli, der an der FU Medizin studierte. Er war mit Gerd[4] befreundet, einem der Ostberliner Studenten an der FU. Gemeinsam hatten sie sich im Osten, vermutlich zum „Schwindelkurs", ein gutes Zeiss-Mikroskop. gekauft. Gerd war einer der ersten, der von seinen Kommilitonen rüber geholt worden war. Nur stand jetzt noch das schöne Mikroskop in Ostberlin. „Schade!" meinte Gerd. *"Lass mich nur machen*l!" sagte Yoram.

Er mietete sich in Westberlin einen Leihwagen, fuhr an den Checkpoint für Ausländer und zeigte seinen israelischen Pass. Er wurde routinemäßig kontrolliert und erzählte beiläufig, er sei von seinen Verwandten in Israel aufgeregt angerufen worden, da gingen ja fürchterliche Dinge in Ostberlin vor, mit dieser Mauer und so, und er solle ihnen mal genau berichten, was eigentlich los sei. Deswegen sei er jetzt am Übergang. *"Also"*, sagten die Vopos, *„da haben Ihre Verwandten ja völlig falsche Informationen!"* . Alles sei glücklich und zufrieden im Ostteil der Stadt, nichts sei eigentlich passiert außer einer Sicherung der Grenze. Und das müsste ja ein Israeli besonders gut verstehen.

Yoram fuhr in Gerds alte Wohnung, holte das Mikroskop, versteckte es im Kofferraum und fuhr wieder zur Grenze, wo noch dieselben Vopos Dienst taten.

„Sie hatten ja wirklich recht," sagte er, *„ich habe nur friedliche zufriedene Menschen getroffen, alles war ruhig! Das muss ich unbedingt meinen Verwandten in Israel berichten."*

"Sehen Sie, das haben wir Ihnen ja gesagt! Wir wünschen Ihnen noch eine gute Reise!"

„Halt" rief Yoram, *„Sie müssen mich aber jetzt noch kontrollieren!"*

---

[3] Name geändert
[4] Name geändert

„Na ja," sagten die Vopos, „das sparen wir uns mal, wo *Sie so ein netter Mensch sind und solche guten Erfahrungen nach Israel berichten werden!"* „Danke!,, sagte Yoram.

Das Mikroskop landete sicher in Westberlin. Wenn das keine Räuber- und Gendarm-Geschichte ist! Doch halt: Geraubt haben sie das Mikroskop ja nicht. Es gehörte ihnen und war bezahlt, wenn wir mal den Schwindelkurs außer Acht lassen. Und die Gendarmen der DDR wollten es ihnen vorenthalten, also waren die doch die eigentlichen Räuber! Schwierige Sachlage!

Inzwischen hatten die Ostbehörden die Westberliner komplett ausgesperrt, nur Westdeutsche konnten noch hinüber. Aber es gab da doch ein Mädchen, in das ich mich vor wenigen Monaten verliebt hatte. Sie hatte ihre Ausbildung in Halle beendet und sollte am 1. Oktober in Ostberlin eine Stelle antreten, was mich sehr freute. Vorher aber wollte sie mit einer Freundin noch zwei Wochen Urlaub auf dem Campingplatz in Prerow an der Ostsee machen. Am 12.8. wollte sie für ein paar Tage bei mir in Westberlin vorbeischauen. Am 11.8. traf ein Telegramm ein, dass sich ihre Ankunft um einen Tag verschieben würde. Wie ich später erfuhr, hatten sie ein paar nette Jungen aus Dänemark auf dem Campingplatz kennengelernt, mit denen sie unbedingt noch Abschied feiern wollten.

Das war es dann! Sie hat Westberlin erst 23 Jahre später wiedergesehen. Ich aber musste sie unbedingt bald sehen. Keine Ahnung, wo sie in Berlin wohnen würde. Und ihre Eltern wollte ich nicht durch Briefe in Gefahr bringen. Ein Berliner Freund mit westdeutschem Ausweis musste her. Er hat in mühseliger Kleinarbeit ihre Adresse in Berlin ermittelt und spielte den Boten. Nun konnte ich ihr endlich schreiben, telefonieren war ja nicht möglich. Fast täglich flogen Briefe hin und her, die Liebe wuchs ins Unermessliche. Ich brauchte nun unbedingt einen westdeutschen Ausweis, ohne aber deswegen gleich zur Bundeswehr eingezogen zu werden. Da ich im Herbst nach Freiburg zum Studium ging, gelang mir das irgendwie. Weihnachten 1961 war es dann soweit, wir konnten uns in die Arme fallen.

Aber kurz vorher passierte noch die Geschichte mit der „Zitterprämie". Die Westberliner begannen, nach dem Mauerbau in Scharen die Stadt zu verlassen. Das brachte den Senat auf die grandiose Idee, allen Berlinern, die blieben, eine Prämie von 100 DM pro Person zu zahlen. im Volksmund „Zitterprämie" genannt. Zur Barauszahlung erschien eine schüchterne Studentin in meinem Elternhaus, wo ich mich mit meinen Geschwistern vorübergehend wieder aufhielt. Ich hatte den Hunderter schon in der Hand, die Personenidentifikation war nur ganz oberflächlich gewesen, da krähte eines meiner jüngeren Geschwister los:

„Aber der is doch gar kein Westberliner mehr!"

Die Studentin, nun verunsichert, ließ sich die Ausweise zeigen, mein Hunderter wanderte wieder zurück! Das ärgerte mich sehr, hatte ich doch bald sehr viel mehr Ausgaben für die „gesamtdeutschen Beziehungen" als meine kleinen Geschwister!

Es begann die Zeit der fast täglichen Grenzgänge über den Bahnhof Friedrichstraße. So glitzernd und geschäftig er sich heute darbietet, so wenig kann ich die Erinnerung an die grauen, düsteren Stufen und Gänge damals vergessen, wo es so penetrant nach Urin, Angstschweiß und Braunkohle roch. Viele Stunden mussten wir Grenzgänger anstehen, allen Schikanen der ständig wechselnden Bewacher ausgesetzt. Einer war besonders tüchtig. Er ließ uns vor einer Glastür in Fünferreihen anstehen und warten, während er breitbeinig vor uns stand und schwieg. Alle zehn Minuten zwinkerte er mit einem Auge einem der Wartenden zu, der durfte dann durchgehen. Aber wehe, wenn der Nachbar sich angesprochen fühlte und einen Schritt nach vorne tat. Er wurde angebrüllt: *„Glaubense denn, ick schiele?"* und musste eine halbe Stunde länger warten. Das war nun nicht mehr Räuber und Gendarm, das war der alltägliche deutsche Faschismus, wie ich ihn mir vorher nie so richtig vorstellen konnte.

Räuber- und Gendarm-Spiele entwickelten wir dann aber bei den Einzelkontrollen. Für erfahrene Grenzgänger war es entscheidend, ob man vor oder nach Abgabe des Ausweises zur Kontrolle gerufen wurde. Vorher, das war eine Stichprobe ohne besonderen Verdacht, danach, mit Kenntnis des Namens, das war schon kritischer. Ich hatte das Glück, immer nur vor der Abgabe aufgerufen zu werden. Aber eine Besorgnis gab es doch nach einiger Zeit. Von Leidensgenossen erfuhr ich, dass bei einigen Grenzgängern, ohne dass der Grund bekannt war, auf der Rückseite des Ausweisfotos mit Bleistift ein Kreuzchen angebracht wurde. Und siehe da, ich fand eines bei mir und radierte es sorgfältig aus Ich hatte meinen neuerworbenen Freiburger Personalausweis, damit er nicht als allzu neu auffiel, noch in Freiburg einige Zeit in einen Kohlenkasten gelegt, damit er Patina ansetzte. Ich übersah eine gewisse Feuchtigkeit, so dass die Nieten des Fotos anfingen zu rosten und auf der Gegenseite einen Abdruck hinterließen. Jedesmal nun legten die Kontrolleure die beiden Ausweisseiten sorgfältig übereinander, um zu prüfen, ob sie sich auch deckten. Der Ausweis erfreute sich also, anders als geplant, einer besonderen Aufmerksamkeit.

Nun aber zu den persönlichen Kontrollen: Man wurde in ein kahles kleines fensterloses Kabuff gebeten, musste die Schuhe ausziehen, die Einlegesohlen herausnehmen, Streichholzschachteln öffnen und die Streichhölzer einzeln auf den Tisch ausbreiten. Erstaunlicherweise wurde damals unser Zigarettentrick nicht entdeckt. Obwohl eigentlich Nichtraucher, führte ich oft eine Schachtel Zigaretten der Marke Rothman-Kingsize mit mir. Das hatte seinen Grund. Die Schachtel war aus glattem, hartem, glänzendem Karton, von dem man die Zollmarke spurenlos abziehen und hinterher wieder draufkleben konnte. In der Schachtel ließen sich hinter dem Silberpapier leicht Geld oder Briefe verstecken. Der geschlossenen Schachtel sah man das nicht an. Und es gab so ein heimliches Gefühl des Triumphes, wenn trotz ausgiebiger Personenkontrolle dieses Versteck nicht gefunden wurde. Na ja, wir waren halt jung damals und haben nicht immer an die Konsequenzen gedacht.

Komplizierter wurde es, wenn man dann noch verhört wurde. Ich hatte mir als Legende ein Praktikum als westdeutscher Medizinstudent im Berliner Hubertus-Krankenhaus ausgedacht, einem kleinen Krankenhaus in Schlachtensee, in dem ich tatsächlich mal gearbeitet hatte. Den Verwaltungsleiter, den ich kannte, hatte ich vorsorglich instruiert, falls es Rückfragen geben sollte. Einmal wurde das Verhör eröffnet mit der Frage: *"Worüber spricht man denn so in Westberlin?"* Kurzes Nachdenken: *„Über das Wetter! Es ist ja so kalt geworden!"*

Der Offizier wurde ungeduldig:

„Na, hören Sie mal, da arbeiten Sie in einem der bedeutendsten Krankenhäuser Berlins und wollen mir erzählen, dass die Leute über nichts anderes reden als über das Wetter?"

Da hatte ich ihn da, wo ich ihn hinhaben wollte. Er bluffte eindeutig, denn fragen Sie mal auf dem Kurfürstendamm jemand, wo das Hubertus-Krankenhaus ist. Das kannte fast niemand. Also, dachte ich mir, wenn du bluffst, kann ich auch bluffen! Das gab mir Sicherheit. Der nächste Bluff war die Adresse meines Besuchs. Ich konnte ja unmöglich meine Freundin nennen. Eine alte Dame aus früherer flüchtiger Bekanntschaft musste dafür herhalten. Was der Offizier nicht wusste und ich aber auch nicht, war, dass die Dame schon vor einem Jahr gestorben war!! Nun kam der Inhalt der Tasche dran: eine ganze Ananas!

„Sie glauben wohl, das gibt's bei uns nicht?"

Natürlich gab es in der DDR keine Ananas, das war klar. Antworten aber tat ich:

„Hören Sie, wenn Sie Ihre alte Tante besuchen, bringen Sie ihr doch auch etwas Besonderes mit!"

Er gab sich geschlagen und mir den Weg frei. In der Bahnhofshalle fiel ich dann unter die richtigen Räuber, und kein Gendarm war in Sicht. Die Ostberliner Halbwüchsigen:

„Haste nich West-Zigaretten für mich?" *„Nein, ich rauche leider nicht.."* *„Det gloob ick dir nich. Pass uff, wir machen ein Jeschäft: Ick darf dir untersuchen, und wenn ick Zigaretten finde, darf ick se behalten!"*

Kurze Überlegung: die Rothmans waren gut versteckt, ich opferte eine Packung Ernte, die als Mitbringsel vorgesehen war.

„Nee. Ernte rooch ick nich, haste nich Stuyvesant?"

Jetzt reichte es mir!

Einmal ging ich mit der Freundin 1961 auf den Weihnachtsmarkt am Alexanderplatz, vor dem Bau der Mauer ein beliebtes Ausflugsziel auch für Westberliner. Jetzt herrschte hier eine düstere, bedrückende Atmosphäre. Die Besucherzahl war drastisch zurückgegangen, um den Platz herum waren auffällig unauffällig Polizeimannschaftswagen verteilt. Man fürchtete wohl einen Volksaufstand, dabei waren lediglich in Ost- und Westberlin über Weihnachten die Selbstmordzahlen massiv angestiegen. Es gab eine Schießbude, ohne die ein deutscher Weihnachtsmarkt wohl nicht auskommt. Luftgewehrschießen war eine meiner Leidenschaften und so steuerte ich die Freundin zur Bude, wo eine größere Menschenmenge den lustigen Anpreisungen des Budenbesitzers lauschte. Während wir in der Menge standen, erschien plötzlich eine Reporterin des DDR-Rundfunks mit einem Mikrofon, das sie meiner Freundin vor die Nase hielt:

„Junge Frau, können Sie mir eine Frage beantworten? Welches ist wohl das höchste Gebäude der Welt?"

Die Freundin überlegte einen kurzen Moment, dann sagte sie: *„Ich glaub, ich bin jetzt nicht in der Stimmung, solche Fragen zu beantworten!"*
Verhaltener murmelnder Beifall der Umstehenden, die Reporterin zog frustriert von dannen. Sie hatte wohl gehofft, jemand wäre auf den Moskauer Fernsehturm gekommen, der gerade fertig gestellt worden war. Da lehnte sich der Schießbudenmann über seine Theke, grinste und rief:
"Mensch, Frolleinken, wenn die mir jefragt hätte, ick hätt der aber ne Antwort jegeben. Is doch janz klar: die Berliner Mauer! Kommt doch keener rüber!!"
Als er sah, dass die Leute beifällig lachten, fasste er Mut und ein Luftgewehr und tanzte mit ihm hinter seinem Tresen hin und her. Dabei rief er:
„Die Mauer muss weg! Die Mauer muss weg! Die Mauer muss weg!"
Gendarmen zum Zuhören waren keine da, Räuber wohl auch keine, er war eher so eine Berliner Variante des Weihnachtsengels, der Mut machte und Trost spendete. Dennoch war uns die Szene nicht ganz geheuer und wir zogen schnell weiter.
Die Freundin wohnte zur Untermiete in der Marienstraße bei Mutter Schmidt[5], einer neugierigen, aber eigentlich herzensguten Wirtin. Wenn wir uns spät in den Wonnen der Liebe verloren, klopfte sie schon mal an die Tür: *„Herr Lennert, es ist Zeit!"* Wusste sie doch, dass ich spätestens Punkt Mitternacht bei der Grenzkontrolle sein musste. Frau Schmidt hatte eine Tochter in Westberlin. In der Familie gab es gewisse feste Traditionen, so zum Beispiel, dass Muttern zu Weihnachten immer persönlich eine bestimmte Sorte selbst gemachter Soleier verteilte. Das war nun unmöglich geworden. Ich fand mich auf

---

[5] Name geändert

einmal an der Grenze mit einem Glas Soleier, von Ost nach West zu transportieren, und überlegte mir fieberhaft eine Erklärung für meine Gendarmen. Aber die Soleier fanden gar nicht ihre Aufmerksamkeit und erreichten unbeschädigt ihr Ziel.

Den Jahreswechsel 1961/62 verbrachten wir auf dem Bahnhof Friedrichstraße. Wieder so eine Räuber- und Gendarm- Situation. Die Vopos drückten ausnahmsweise ein Auge zu, wenn jemand erst einige Minuten nach Mitternacht erschien, er durfte auch angetrunken sein. Es wurde gesungen und geweint, obwohl es den 'Tränenpalast' noch gar nicht gab. Nur Silvester-Böller waren unerwünscht, da wurden die Bewacher sehr böse.

Im Sommer wollten wir einmal mit der Straßenbahn an den Müggelsee. Die Bahn fuhr und fuhr, ohne Stopp. Auf einmal landeten wir in Woltersdorf, wo mir siedendheiß klar wurde, dass wir uns nicht mehr auf Ostberliner Gebiet befanden, sondern schon in der übrigen DDR, wo ich nichts zu suchen hatte. Was soll's, wir machten das Beste aus der Sache und verbrachten den ganzen Tag in dem schönen Woltersdorf mit seiner herrlichen alten Kurpromenade. Abends war die Straßenbahn dann so voll, dass eine Kontrolle nicht zu befürchten war. Pünktlich um Mitternacht meldete sich der Räuber wieder bei den Gendarmen.

Es wird nun Zeit, von meiner räuberischen Reifeprüfung zu berichten. Die fand in Marienborn statt. Mein Freund Eckard aus Münster und ich, der Freiburger, wollten die Freunde, Mitglieder einer kirchlichen Jugendgruppe, der auch meine Freundin angehörte, in Halle besuchen. Dafür gab es natürlich keine Einreisegenehmigung. Aber wofür gab es denn die Händel-Festspiele in Halle? Freunde verschafften uns im Sommer 1963 eine Einladung. Aber wie fährt man als „westdeutscher" Student nach Halle? Am besten wohl nicht über Berlin, das würde nur Verdacht erregen. Also trampten wir armen Studenten nach Helmstedt und bestiegen dort den Zug nach Marienborn, wo wir ausstiegen und in einer riesigen, völlig menschenleeren Kontrollbaracke landeten. Doch halt, da war ja noch jemand. In einer Ecke drückte sich ein abgerissener Landstreicher herum. Nach einer langen Wartezeit kamen zwei Grenzpolizisten und wandten sich zuerst dem Landstreicher zu.

„Bitte sehr, mein Herr, Sie wünschen?"

Der stand auf, straffte sich und erklärte mit feierlicher Stimme:

„Ich möchte meinen Wohnsitz in die Deutsche Demokratische Republik verlegen!"

Ich werde nie die peinlich berührten, ja verlegenen Blicke vergessen, die die Polizisten uns Westlern zuwarfen. War es doch die Zeit, in der die DDR-Propaganda behauptete, tausende Westdeutsche würden in die wunderbare DDR strömen, um vor den Auswüchsen des Kapitalismus zu fliehen. So sah nun also die Realität aus!

Danach bemühten sich die Herren um uns. Es begann die den Berlinern so vertraute „Gänsefleisch-Prozedur" *(„Gänse fleisch mal den Goffer aufmachen!")*

Hier muss nun etwas ausgeholt werden, was den Inhalt unserer Koffer betraf. Bis zum Mauerbau war es in Kirchenkreisen üblich, dass man sich theologische .und andere kirchliche Schriften, die in der DDR kaum gedruckt wurden, direkt aus dem Westen besorgte. Das war nun schwieriger geworden. Die evangelische Kirche reagierte darauf mit einer simplen, aber sehr wirksamen Maßnahme. Wer immer in die DDR reiste, konnte in evangelischen Buchhandlungen kostenlos Bücher erhalten, wenn er versprach, sie bei den Gemeinden im Osten abzuliefern. Unsere Freunde hatten uns eine umfangreiche Wunschliste übermittelt, die wir uns ausliefern ließen und auf zwei Koffer verteilten. Mir aber war das alles zu brav, es ritt mich irgendwie der Teufel. Ich musste den Freunden noch etwas Besonderes mitbringen, das aus dem Rahmen fiel, etwas, wozu Mut gehörte, es über die Grenze zu bringen. Das damals übliche Imponiergehabe eines Westlers eben. Ich beschloss, ihnen einen Band mit Kurzgeschichten des in Paris lebenden polnischen Autors Slawomir Mrozek mitzubringen, in denen er satirisch den Kommunismus aufs Korn nahm. Er hieß ‚Der Elefant'. Die Titelgeschichte handelte von einem polnischen Zoodirektor, der sich verpflichtet hatte, zu Ehren des 1. Mai einen neuen Elefanten anzuschaffen Leider war kein Elefant aufzutreiben. Die feierliche Einführung in Gegenwart des Bürgermeisters und des Parteisekretärs war aber schon angesetzt, der Herr Direktor kam ins Schwitzen. In seiner Not besorgte er einen lebensgroßen Elefanten aus Plastik und befahl seinen Arbeitern, ihn aufzublasen. Die erkannten rasch, dass das mit Luft ewig und weit in den Feierabend dauern würde, und beschlossen, stattdessen Helium zu verwenden, das sie vorrätig hatten Im Nu war der Elefant aufgeblasen. Er wurde sicherheitshalber am Boden angekettet und die Arbeiter gingen zufrieden nach Hause. Am nächsten Morgen waren alle Honoratioren der Stadt und der Partei angetreten, die Zookapelle spielte ein Ständchen und der Direktor entfernte die Kette. Da erhob sich der Elefant in die Lüfte und segelte träge über die Dächer der Stadt davon.

Ich fragte nach dem Buch in der Buchhandlung Elwert und Meurer am Innsbrucker Platz. Die junge Verkäuferin verwies mich an die Kinderbuchabteilung. Erst auf meinen vorsichtigen Protest hin bequemte sie sich, unter den Satiren für Erwachsene nachzuschauen, wo sie es auch fand. Aber diese ihre Fehlleistung hatte mich auf eine Idee gebracht. Inmitten des Buches befand sich eine Zeichnung des Elefanten, wie er sich über die Dächer erhob. An dieser Stelle kniffte ich das Buch mehrmals, bis sich das Bild immer von alleine zeigte, wenn man das Buch aufschlug.

Zurück zu unserer Kontrollbaracke in Marienborn.

„Was haben wir denn da?"

Ein Weihnachtsliederbuch mit dem Titel ‚Es kommt der König der Ehren'. *„Das könnse nich mitnehmen, den Keenig ham wir hier abgeschafft!"*

Es folgte ein theologisches wissenschaftliches Werk. Da musste er den Vorgesetzten fragen. Auch abgelehnt! Und so ging es weiter, nur wenige Bücher fanden vor dem strengen Zensor Gnade.

„Und was haben wir denn hier?"

Er wühlte unter meinen Unterhosen.

„Ach ja, das ist ein polnisches Kinderbuch für die Kinder meiner Freunde in Halle."

Er nahm es hervor, schlug es auf und sah den fliegenden Elefanten. *„Das könnse mitnehmen!"*

Das war mein Räuber-Abitur oder, wenn man so will, mein gesamtdeutscher Ritterschlag!!

Fast dreißig Jahre später fuhren wir im Herbst 1990 im Auto mit unserem jüngsten Sohn Felix, damals fünf Jahre alt, nach München. Nach einigen Stunden Fahrt wurde er ungeduldig:

„Wann kommt denn endlich die Grenze?"

Da war uns die Grenze auf einmal abhanden gekommen, samt ihren Räubern und Gendarmen. Aber vielleicht hatten wir ja alles nur geträumt?

Transit

Die Wende auf der Wiese 1973

Eine Wende ist immer ein Risiko. Man weiß nicht, was danach kommt. Manchmal ist auch der Boden für eine Wende noch nicht bereitet.

Der Boden für die hier folgende Wende war überhaupt nicht bereitet. Es war eine vom Regen aufgeweichte Wiese.

Im Herbst 1973 war ich mit meiner Familie für ein Jahr nach Heidelberg gezogen, um an der dortigen Universitäts-Kinderklinik eine Spezialausbildung zu erhalten. Wir fanden eine kleine möblierte Wohnung in Neckargemünd bei Heidelberg. Im November fuhr ich noch einmal nach Berlin, um restliche Haushaltsgegenstände wie Ski-Ausrüstung, Fahrräder, Kleinmöbel und Küchengeräte zu holen. Dazu benötigte ich einen Lieferwagen. Der sonst bei uns beliebte VW-Transporter entfiel, da der Laderaum von der Fahrerkabine nicht getrennt war und deshalb für den DDR-Transit nicht versiegelt werden konnte. Es blieb nur ein Mercedes-Kleintransporter. Was zu Zeiten meiner Berliner Oma der „Trebbelorder" war, war jetzt der „Warenbegleitschein", in dem alles sorgfältig aufgelistet werden musste. Am Kontrollpunkt in Berlin-Dreilinden begann die Reise am späten Nachmittag, zunächst beim westlichen Zoll, dann beim östlichen, mit vielen Stempeln. Das Wetter war nicht schön, es regnete zeitweilig in Strömen, sodass ich nicht sehr schnell fahren konnte. Spät am Abend erst erreichte ich den Grenzübergang Wartha-Herleshausen, der an einer kleinen Landstraße lag, da die Autobahn noch nicht wieder durchgängig befahrbar war.

Am Ost-Kontrollpunkt musste ich lange warten, dann wurde alles sorgfältig geprüft und die Papiere gestempelt. Am westlichen Kontrollpunkt war kein Mensch zu sehen. Ich wartete eine Weile, dann fuhr ich einfach weiter. Offensichtlich interessierte sich niemand für mich. Als ich gerade dabei war, auf die kleine Landstraße einzubiegen, schoss es mir plötzlich durch den Kopf: Wenn niemand im Westen meine Ankunft bescheinigt hat, könnte der Zoll mir später den Vorwurf machen, ich hätte meine Ladung in der DDR verkauft. Also beschloss ich, noch einmal umzukehren und mich beim Westzoll zu melden. Die Straße war schmal, beim Wenden musste ich im strömenden Regen auf eine Wiese ausweichen. Das war ein Fehler! Die Räder wühlten sich in den weichen Boden, ich saß fest. Je mehr ich versuchte, wieder loszukommen, desto tiefer versanken die Räder.

Ich nahm zunächst alle meine Papiere und ging zu Fuß durch den Regen zurück zum Zoll. Ich erfuhr, dass meine Besorgnis unnötig gewesen war, aber nun saß ich fest. Die Zöllner zuckten die Achseln und verwiesen mich an die Tankstelle.

Der Tankwart kratzte sich hinter dem Ohr. Er könne hier nicht weg und sei allein. Ich sollte es mal in der Raststätte versuchen, da säßen manchmal DDR-Trucker, die sich mit so was gern ein paar Westmark verdienen würden. Der Schankraum war rauchgeschwängert, es roch nach Bier und Schweiß.

„Nö, bei dääm Wetter? Nich mit mir!“

Der nächste meinte, er hätte leider keine Abschleppstange dabei. Die gesamtdeutsche Solidarität war auf Null gesunken und konnte auch durch schimmernde Westmark nicht wieder angehoben werden. Frustriert ging ich zurück zur Tankstelle. Der Tankwart wusste nun auch nicht weiter. Da mischte sich ein Mann ein, der am Tresen saß. Er war aus dem Nachbardorf auf dem Motorrad vorbeigekommen Die Tankstelle schien für ihn so was wie ein Disco-Ersatz zu sein, um aus seiner Dorf-Einöde zu entfliehen. Er hörte sich meine Geschichte an. Dann überlegte er lange.

„Ich könnte mal versuchen, einen Bauern mit Traktor aus meinem Dorf zu holen." Ich redete ihm zu, den Versuch zu wagen. Er nahm mich auf den Rücksitz und wir fuhren los. Der Regen hatte Gott sei Dank etwas nachgelassen. Inzwischen ging es auf Mitternacht zu. Das Dorf lag in tiefem Schweigen und in völliger Dunkelheit. Nur ein Hund schlug an. *„Den ersten Bauern kann ich nicht fragen, dem haben Sie seine Wiese versaut."* Das leuchtete ein. Beim nächsten Bauern dauerte es ewig, bis auf das Klopfen an der Hoftür jemand reagierte. Der Bauer kam mit einer Laterne herangeschlürft. Längere Verhandlung, dann war er einverstanden.

„Fahrt schon mal zurück, ich komm dann mit dem Trecker."
Zurück am Auto beschloss ich zunächst mal, trotz Nieselregen die Ladung auszuräumen, um das Freischleppen zu erleichtern. Nach endlosem Warten sahen wir endlich die Lichter des Traktors, der langsam näher kam.

„Die Ladung hätten Sie ruhig drin lassen können!"
Eine Kette musste her, im Nu war mein Wagen wieder frei. Ein Schein wechselte den Besitzer, dann tuckerte der Bauer wieder ins Dorf. Ich bedankte mich bei meinem Retter und fuhr los. Es gab noch keine handys damals, so dass meine Frau in ziemlicher Sorge war. Gegen vier Uhr früh trudelte ich in Neckargemünd ein und fiel gleich ins Bett. Der Wagen musste dann noch am folgenden Sonntagmorgen entladen und gereinigt werden, da um zwölf Uhr in Heidelberg schon der nächste Kunde auf das Auto wartete. Er hat es gar nicht weiter angesehen, sonst hätte er sich vielleicht gefragt, woher die Strohhalme und der Lehm an den Achsen stammte.

Mein vierjähriger Sohn durfte nach Heidelberg mitkommen. Er wollte schon immer mal Mercedes fahren.

Die geistig-moralische Wende 1983

In diesen unseren Tagen, in denen einige Wendehälse aus Bayern uns gerne eine neue Deutschlandpolitik verkaufen möchten, scheint es mir an der Zeit, einmal ein Phänomen anzusprechen, das mich seit Jahren beschäftigt und irritiert. Wie früher auch an anderen Grenzübergängen wendet sich bis heute am Übergang Rudolphstein kurz vor Eintritt in die DDR ein Schild an den Reisenden nach Berlin mit der Aufschrift:

„Bitte vergessen Sie nicht: Sie fahren weiter durch Deutschland."

Ein durchaus honoriger Rat in einer Zeit, in der die Zahl derjenigen ständig zunimmt, die bundesrepublikanische Eishockeyspieler mit „den Deutschen" gleichsetzen, auch wenn es gegen die DDR geht. So weit, so gut. Irritierend auf den unbefangenen Betrachter wirkt jedoch die Rückseite des Schildes. Da steht nämlich der gleiche Text. Es soll also, wenn ich das richtig sehe, auch der Reisende, der die DDR gerade hinter sich gelassen hat, bei der Einfahrt nach Bayern daran erinnert werden, dass er weiter durch Deutschland fährt. Das lässt der Phantasie ja einigen Spielraum. Ich gestehe, auf dem Höhepunkt bundesdeutscher Wahlkämpfe oder nach den Beschlüssen von Kreuth, als man täglich mit dem Abfall der Bayern und der Ausrufung von Franz Josef Strauß zum König der Bayern rechnen musste, hatte das Schild für mich geradezu etwas Tröstliches, verhieß es doch, dass Bayern noch nicht verloren war. Aber erklärt das schon die Entstehung der Beschriftung? Vielleicht hilft das wechselvolle Schicksal des Schildes uns weiter. Vor einem Jahr nämlich - noch regierte Helmut Schmidt - war das Schild plötzlich verschwunden! Nun war in jener Zelt der Übergang Rudolphstein aus anderen Gründen bei den Berlinern ins Gerede gekommen. Da die Bayern Besserung gelobt hatten, konnte man spekulieren, dass das Schild im Zuge einer Generalbereinigung als vielleicht nicht mehr zeitgemäß entfernt worden war. Um so größer war die Überraschung, als das Schild - wenn mich nicht alles täuscht, just als Kohl Kanzler geworden war - in frischem schwarzrotgoldenen Glanze an nur leicht geändertem Standorte wiederauftauchte – und wieder doppelseitig beschriftet. Sollte das jetzt vielleicht eine kernige Drohgebärde von Kohl in Richtung Strauß sein? Wir wissen es immer noch nicht. Die jüngsten tragischen Ereignisse bei den Grenzkontrollen (ein Reisender war vor Aufregung an einem Herzanfall verstorben) lassen noch eine andere, zugegeben sarkastische Deutung zu: Der Transitreisende, der unversehrt an Leib und Seele den DDR-Kontrollen entronnen ist und gerade aufatmen will, wird warnend darauf hingewiesen, dass Kontrollieren durchaus eine gesamtdeutsche Leidenschaft ist. Und die Bayern, die einem Gerücht zufolge auch schon mal den Führerschein des Beifahrers sehen wollten, sollen ja sogar stolz darauf sein. Werden sie uns nun vorher nach Herzkrankheiten fragen? Das sind so Fragen eines lesenden Berliners, der das mit der geistig-moralischen Wende immer noch nicht ganz verstanden hat.

Leserbrief Tagesspiegel, 22.5. 83

Die Wende auf der Autobahn 1984
Requiem für einen toten Drummer

Dann und wann höre ich ganz gerne Jazz, aber ich bin beileibe kein Kenner. Die amerikanische Gruppe „Oregon" war mir völlig unbekannt. Ich lernte sie kennen - oder das, was von ihr übrig war - an einem trüben Morgen im November 1984 auf der Autobahn bei Magdeburg, als plötzlich ein quer zur Fahrbahn stehender Lastzug aus dem dichten Nebel auftauchte. Die Musikergruppe, nach einem Konzert am Vorabend in der Kreuzberger Passionskirche unterwegs in einem zum Wohnmobil umgebauten Bus, raste in das Hindernis, hinter sich zwei Lastzüge aus Gütersloh und Merseburg, deren geballte gesamtdeutsche Wucht das Chaos vervollständigte. Meinen eigenen Wagen konnte ich mit knapper Not auf dem Grünstreifen zum Stehen bringen, wo er nur Minuten, nachdem mein Beifahrer und ich ihn unversehrt verlassen hatten, von einem umstürzenden Lkw zerdrückt wurde.[6]

Während alle übrigen Beteiligten wie durch ein Wunder nahezu unverletzt blieben, hatte es die Musiker schwer getroffen. Der Schlagzeuger Colin Walcott, der als Beifahrer gefahren war, starb noch am selben Abend in Magdeburg, der österreichische Fahrer Joe Hertling, ein Freund und Tourneebegleiter der Gruppe, wurde hinter dem Lenkrad eingeklemmt und konnte erst nach endlosen 30 Minuten von der Feuerwehr geborgen werden. Er lebte noch sechs Tage. Der Gitarrist Ralph Towner und der Oboist Paul McCandless, die hinten im Bus geschlafen hatten, wurden nur leicht verletzt und standen nun völlig ver

---

[6] Der Unfall wurde vermutlich verursacht durch einen PKW, der plötzlich auf der Autobahn wendete, was leider immer wieder in der DDR vorkam. Der Wagen war natürlich auf und davon

---

Abb. 1: Der PKW ist mein Fahrzeug

stört mitten auf der Autobahn in einem sehr fremden Land. Wir halfen ihnen, die Instrumente zu bergen, die schließlich wie eine Herde herrenloser Schafe am Straßenrand lagerten. Es folgten lange Stunden auf der Volkspolizeiwache Magdeburg-Börde, voller Sorgen und Ungewissheit über das Schicksal der Freunde, die in eine Magdeburger Klinik gebracht worden waren. Die Behandlung durch die Polizei war korrekt und sachlich, aber es war dennoch schwierig, unseren amerikanischen Leidensgenossen zu erklären, warum wir hinter einer vergitterten Tür warten mussten. Schließlich wurden Telefongespräche in den Westen ermöglicht. Wir benachrichtigten den Agenten der Gruppe, die Tournee musste abgesagt werden. Da die Polizei darauf bestand, dass Towner und McCandless sich zur Untersuchung ins Krankenhaus begaben, trennten wir uns am späten Nachmittag und gelangten per Anhalter in den Westen. Vom Tode Colin Walcotts erfuhr ich zwei Tage später, als ich auf der Rückfahrt mit einem Leihwagen noch einige Habseligkeiten aus meinem Fahrzeugwrack bergen konnte.

Ein Jahr später, am 6. November 1985, habe ich Ralph Towner wieder gesehen. Fast auf den Tag genau war er wieder in der Passionskirche, diesmal als Solo-Gitarrist. Der Titel der Reihe „Concerts in Passion" bekam nun eine besondere Bedeutung. Mit knappen Worten, die ihm sichtlich schwer fielen, widmete Towner das Konzert dem Gedenken an Colin Walcott und Joe Hertling. Ob viele im Publikum wussten, warum? Die atemberaubenden Klangkaskaden, die Towner seiner Gitarre entlockte, verscheuchten alle dunklen Gedanken. Ein Zauberer ist er, der mit seiner 12saitigen akustischen Gitarre mal lyrisch zarte Töne anschlägt, mal brausende Chöre erklingen lässt. Dumpfe Trommelwirbel, mit den Fingerkuppen auf die Saiten geschlagen, sanfte Flageolettfolgen und banjohafte Töne wechseln einander ab. Das Publikum folgt ihm gebannt auf seinen „Wanderungen in akustischen Landschaften", wie es ein Kritiker genannt hat.

In der Pause spreche ich ihn an. Kurze Unsicherheit, dann freudiges Wiedererkennen. Ja, es ist ihm schwer gefallen, wieder nach Berlin zu kommen, in dieselbe Kirche, aus der die Gruppe damals sehr fröhlich aufgebrochen war. Er erzählt, wie sie nach dem Konzert im vergangenen Jahr, als alle Zuhörer gegangen waren, aus einer spontanen Laune noch Gospelmusik gespielt hatten. Und dann sei Colin Walcott auf die Kanzel geklettert und habe eine Predigt imitiert. (Der Pfarrer wird es ihm wohl verzeihen müssen.) Ein vierter Musiker der Gruppe, der Bassist Glen Moore, war damals aus Berlin überstürzt in die USA zurückgeflogen, weil er die Niederkunft seiner Frau erwartete. Es hat dann noch sechs Wochen gedauert, aber dieser Rechenfehler hat ihm vielleicht das Leben gerettet.

Nein, die Gruppe „Oregon" ist nicht auseinander gegangen. Sie haben es wieder versucht, mit einem neuen Schlagzeuger. Aber es ist eben etwas anderes jetzt. Ein Jahr lang habe er, Towner, an sich bemerkt, dass er eher mechanisch die alten Stücke gespielt habe. Jetzt sei er dabei, sich wieder frei zu spielen.

Tagesspiegel, 17.11.1985

Die große Wende 1989

Die Wende 1989 erlebte ich in mehreren Etappen. Zunächst holte mich am 9. November meine Frau von meinem Schreibtisch, weil in einer abendlichen Talkshow der Regierende Bürgermeister Walter Momper gerade aufgestanden war, um mit seinem roten Schal in die Stadtmitte zu fahren, wo etwas los war, das seiner ordnenden Hand bedurfte. Anscheinend war die Mauer irgendwie offen. Mein Sohn Moritz war an diesem Abend früh schlafen gegangen. Er wurde am Morgen per Telefon von seinem Freund Marc in Kalifornien geweckt, der in den Spätnachrichten gehört hatte, dass in Berlin irgendetwas mit der Mauer los war. Mein Sohn bezweifelte das, musste sich aber eines Besseren belehren lassen. Als er begriff, was los war, brach er sofort zum Brandenburger Tor auf, hat bis in die Nacht auf der Mauerkrone getanzt und ließ sich dann auf der Ostseite herunter, um nach Ostberlin zu kommen. Da aber hatten die Grenztruppen schon wieder einen Tisch im Grenzbereich aufgestellt, an dem sie schon wieder den Zwangsumtausch von 25 DM forderten. Soviel Geld hatte mein Sohn nicht mehr bei sich und musste frustriert umkehren.

Ich musste am 10.11. zu einer Tagung nach Bremen. Die Transit-Autobahn war von Berlin an voller „Trabbis," die alle nach Westen strebten. In Helmstedt wurden wir stürmisch begrüßt von der einheimischen Bevölkerung, egal ob wir Ost oder West waren.

Hinter   Helmstedt   galt   nicht   mehr   die   DDR-Geschwindigkeitsbeschränkung auf 100 km/h. Man pflegte bisher dort kräftig aufs Gaspedal zu treten, um endlich wieder auf freiheitlich-demokratische 130 km/h oder auch mehr zu beschleunigen. An diesem Tag rollte eine ununterbrochene

Abb. 2. Tanz auf der Mauer 10.11. 1989
(Moritz Lennert Mitte mit Schal)

Schlange von Trabbis auf der rechten Fahrspur. Plötzlich kam mir der Gedanke, dass da rechts Tausende von Autofahrern fuhren, die noch nie in ihrem Leben auf Straßen gefahren waren, auf denen mehr als 100 km/h erlaubt waren. Wenn von denen einer nun plötzlich meinte, mal nach links wechseln zu müssen, was dann?

Brav ordnete ich mich daraufhin in die rechte Spur ein, schon aus gesamtdeutscher Solidarität, aber auch weil ich überleben wollte. Im Autoradio kamen Berichte wie bei Sturmfluten, bis wohin die Welle inzwischen geschwappt war. Erst war Braunschweig erreicht, dann Hannover, Walsrode und schließlich Bremen.

Die Rückfahrt nach zwei Tagen wollten wir über die Hamburger Autobahn antreten. An einer Raststätte vor dem Schweriner Abzweig machten wir halt. Die Atmosphäre auf dem Parkplatz war total verändert. Plötzlich redeten alle mit einander. Uns kam die Idee, unsere Freunde in Schwerin anzurufen. Wir hatten zwar ihre Schweriner Telefonnummer, aber nicht die Vorwahl, die in der DDR je nachdem, von wo man anrief, wechselte. Es gelang uns nicht, diese Vorwahl zum 50 km entfernten Schwerin herauszufinden. Weder Reisende auf dem Parkplatz noch die Angestellten der Raststätte konnten uns helfen. Und Telefonbücher, die darüber Auskunft geben konnten, gab es in der DDR kaum.

Zurück in Berlin begriffen wir, dass die Wende real war, als uns Freunde erzählten, sie hätten am 11.11. auf der Glienicker Brücke einen spontanen Karnevalszug aus Potsdam getroffen, der Richtung Wannsee zog.

Berliner Heimat-kunde I

Polizisten in die Panke

Ekkehard Schwerk war, nach Günter Matthes, der von mir am meisten geschätzte Tagesspiegel-Redakteur. Mit seinen „99 Zeilen Schwerk" hat er immer wieder Neues in Berlin gefunden, als Flaneur und Entdecker. Einmal hat er sogar die Nacht unter freiem Himmel am öffentlichen Wannseestrand gleich neben dem Strandbad verbracht, um dort das nächtliche Treiben zu erleben. Eine seiner schönsten Beschreibungen waren die detektivischen Ermittlungen über den Verlauf der Panke durch Berlin, die im Nordhafen am Spandauer Schiffahrtskanal endet, aber bedingt durch einen kleinen „Seitensprung" auch am Schiffbauerdamm unter dem „Ganymed" in die Spree „pieselt", wie Schwerk es nannte.

Ich dankte ihm in einem Brief für seine „pankologische" Abhandlung und revanchierte mich mit einem Gedicht, das als liebevoll illustrierter Linolschnitt vom Kreuzberger Kunst- und Trödelmarkt stammte. Es war zwar signiert, aber die Unterschrift war unleserlich. Es lautete:

> **Als Karl-Heinz, das Krokodil,**
>
> **neulich in die Panke fiel,**
>
> **lachte es ganz unverfrorn.**
>
> **Dieses sah ein Polizist,**
>
> **sagt, dass das verboten ist,**
>
> **und es hätt' hier nichts verlorn.**

Ich glaub, lacht das Krokodil,

eher Du bist hier zuviel.

Seitdem gilt der Polizist

als vermisst.

Ich fügte noch hinzu: „Wenn man dazu heute die aktuelle Mitteilung der Polizei-Gewerkschaft liest, dass in Berlin „mindestens 1000 Polizisten fehlen", fragt man sich, ob man nicht mal in der Panke nachsehen sollte."

Weiter schrieb ich: „Damit Sie den Künstler aber nun nicht als aggressiven 68er-Chaoten falsch einschätzen, hier noch ein zweites Gedicht aus der gleichen Produktion, ebenfalls liebevoll illustriert;

Meine liebe Marmelade,

komm doch auf mein Butterbrot,

komm mit mir nach Lichtenrade,

träum mit mir beim Abendrot.

Ach, ich habe dich so gerne,

habe dich zum Fressen gern.

Und am Himmel leuchten Sterne

und der Morgen ist noch fern.

Komm, wir schlafen jetzt ein bisschen.

Komm ganz nah an meinen Mund.

Gib mir ganz schnell noch ein Küsschen.

Marmelade ist gesund.

Da der Tagesspiegel das Panke-Gedicht und meinen Brief abgedruckt hatte, meldete sich dann auch noch der Dichter telefonisch. Er hieß Klaus Franken und wohnte in Kreuzberg. Die
Gedichte hatte er bei seiner Tätigkeit als Erzieher in einer Kin-
der-Tagesstätte produziert.
Ich denke, sie verdienen es, der Nachwelt erhalten zu bleiben.

Hohenzollern ins Grab

Das Gerangel um die Teilnahme der Bundeswehr an der Umbettung der Hohenzollern nach Potsdam macht den Berlinern deutlich, dass sie vierzig Jahre etwas verdrängt haben. Zwar wurde die Existenz der Bundeswehr sicher von einer großen Mehrheit der Berliner akzeptiert, wenn auch von manchen nur als notwendiges Übel. Da sie jedoch in der Stadt nicht präsent war, konnte man sich der Illusion hingeben, es handele sich inzwischen um eine moderne Armee, überwiegend von Technikern beherrscht, die ihren Job machen wie andere auch, natürlich mit Anspruch auf eine berufsspezifische Arbeitskleidung.

Aber nun geht es auf einmal laut „Tagespiegel" wieder um "das Ehrenkleid der Nation" und "das stärkste Symbol des Staates". Zugegeben, es hatte mich bei gelegentlichen Opern- oder Theaterbesuchen in Westdeutschland immer schon etwas irritiert, dass man da wohlbeleibte Herren in glitzernden Ausgehuniformen antreffen konnte. Hätte ich mich doch als Arzt nie getraut, meinen weißen Kittel in die Oper mitzunehmen, auch traf man dort keine Schornsteinfeger in schwarzer Festtagsmontur oder Elektriker im gebügelten Blaumann, alles ehrenwerte, der Menschheit mit gleicher Hingabe wie die Soldaten dienende Berufe.

Ein anderer Gedanke bewegte mich jedes Mal, wenn ich im Fernsehen so friedfertige Menschen wie etwa Theodor Heuß oder Gustav Heinemann dabei erlebte, wie sie gezwungen waren, ihre Staatsbesucher an einer Front von rhythmisch verschiedene Körperteile bewegenden Soldaten vorbeizuführen, und dabei noch selber Tritt halten mussten.

Diese Sitte stammt ja wohl aus einer Zeit, da man dem Besucher, kam er auch in bester Absicht, vorführen wollte, wie stark und mächtig man war und wie gut man seine Soldaten gedrillt hatte. Nur, heute wird die Macht eines Staates - zumindest überwiegend - am Konferenztisch demonstriert und die Überlegenheit einer Armee durch die Qualität ihrer Elektronik, die bekanntlich nicht im Gleichschritt bedient wird.

Da unsere elektronische Industrie sich ja durchaus in der Welt sehen lassen kann, wäre es da nicht an der Zeit, wir ließen sie schmucke Roboter bauen in kecken Uniformen, die wir dann vor Staatsbesuchern paradieren lassen könnten. Auf Wunsch ließe sich dann sogar der eigentlich wider die menschliche Natur erdachte Stechschritt programmieren, wenn die Gelenke das aushalten. Und für Sanssouci sollten sich statt der Soldaten doch ein paar vorzeigbare Müllerburschen finden lassen. Auch wenn die berühmte Geschichte mit der Mühle wohl weitgehend erfunden ist, so symbolisiert sie doch eindrucksvoller gute preußische Tradition als alle Uniformen, Pfeifen und Trommeln zusammen.

Leserbrief, Tagesspiegel, 28.7. 1991

Berlin und seine Tiere

Berlin und seine Tiere, das ist eine komplizierte Geschichte. Das fängt mit den Hunden an. Von denen gibt es eindeutig zu viele in der Stadt, was man schon an den vielen Hundehaufen sieht.

Ich habe als Kind mehrere Jahre in einem großen Waldgebiet gewohnt, in der Göhrde am Rande der Lüneburger Heide. Eike B., dem Sohn des dortigen Revierförsters, laut Google heute noch Hundeobmann der Jägerschaft Gifhorn-Süd, verdankte ich den Rat, wenn ich auf wilde, aggressive Hunde treffen würde, mich sofort auf den Boden zu werfen und mich tot zu stellen. Dann würden die Hunde von mir ablassen. Irgendwie klappte das aber in Berlin nicht mehr und ich wurde zum Gespött meiner Freunde, die mich immer wieder auf Berliner Bürgersteigen zum Hinwerfen provozieren wollten, selbst wenn nur einer der verfetteten Berliner Dackel in Sicht kam. A propos Dackel. In der Nachbarschaft in Schlachtensee wohnte so einer, der von Frauchen immer „*Fesserche*n" bekam, angeblich weil er kein R verstand. Und mein großer klinischer Lehrer, der Urberliner Dr. Werner Krause, von dem noch an anderer Stelle die Rede sein wird, erzählte mir einmal:

„Wenn ick am Sonntag mit meinen Kindern im Grunewald spazieren gehe und die fallen innen Matsch, denn latschen die Berliner einfach drüba. Aba wehe, ick versohl ma meinen Dackel. Det gibt immer nen Volksauflauf."

Dabei hatte der Dackel es verdient, denn er hatte den Kanarienvogel gefressen.

In der Göhrde hatte ich gelernt, dass Füchse, die man sehen kann, Tollwut haben. Auch das ist in Berlin anders. Als ich zum ersten Mal am hellichten Tag auf dem Parkplatz des Klinikum Steglitz ein Fuchspärchen traf, fürchtete ich noch um die Gesundheit meiner kindlichen Patienten. Die Krankenschwestern beruhigten mich dann aber. Sie kannten die Füchse schon aus den Vorjahren. Und eine Rückfrage beim Veterinäramt ergab, dass die Berliner Füchse alle gegen Tollwut geimpft sind. Inzwischen wundert man sich ja in der Stadt nicht einmal mehr über Waschbären.

Aber als ich 1955 in Berlin als frischgebackener Sippenführer einer Pfadfindersippe mit meinen Jungen in den Grunewald zog, wo uns ein einsames Reh begegnete, wunderte ich mich doch sehr, als der später auftauchende Förster von einem meiner Jungen gefragt wurde:

„Herr Förster, war das Ihr Reh eben?"

Hirsche kamen früher nur in die Stadt, wenn die Havel zugefroren war. Das hat sich nach der Wende geändert. Nur die Wildschweine waren immer da. Groß war die Empörung der Berliner, als in den 60er Jahren mal ein paar Jugendliche sich nächtens ein Wildschwein aus dem Gatter am Teufelssee griffen und es brieten. Und als in den wilden 68er Jahren mal Feuer in den Ställen der Polizeipferde im Grunewald gelegt wurde, kochte ebenfalls die Volksseele. Dass die Polizisten zu Pferde oftmals wild in die Demonstrationen am Kudamm hineingeritten waren und am liebsten die Studenten hoch zu Ross bis ins Café Kranzler verfolgt hätten, war natürlich keinerlei Entschuldigung.

Bleiben noch die Kühe. Als ich nach Berlin zog, wohnten sie in der Danckelmannstaße in Charlottenburg noch im ersten Stock. Der Bauer in Schlachtensee, der später seinen Hof versoffen hat, auf dem dann das Studentendorf gebaut wurde, fuhr noch bimmelnd mit offener, nicht pasteurisierter Milch im Tank, die man sich in Milchkannen abfüllen ließ, durch die Straßen. Hühner habe ich nicht mehr erlebt, aber das Haus, in dem ich jetzt in Zehlendorf wohne, verfügt noch über einen eigenen

Hühnerstall, zweistöckig, mit gotischen Fenstern. Ein ganz ungewöhnliches Tiererlebnis hatte ich in den 60er Jahren, als ich in der Trabener Straße nahe dem Bahnhof Grunewald wohnte. Nach einem sonntäglichen Mittagsschlaf wachte ich auf, schaute aus dem Fenster und trauten meinen Augen nicht. Da stand, gleich neben meinem Auto, ein großer Elefant, der gerade begann, seine volle Blase auf die Straße zu entleeren, während er oben in den Bäumen an den Blättern knabberte. Es folgten mehrere riesige Bollen, die auf die Straße platzten. Ehe ich letzte Zweifel an der Klarheit meines Verstandes ausräumen konnte, erschien der nächste Elefant, gefolgt von einem Kamel. Da stürzte ich vor die Tür und begriff, dass ein großer Zirkus am Bahnhof Grunewald angekommen war und nun seine Tiere kostengünstig und werbewirksam durch die Straßen zum Festgelände am Lützowplatz trieb.

Haie gibt es übrigens auch in Berlin, aber wohl nur eine besondere Spezies, die Kredit-, Miet- oder Immobilien-Haie. Von einem muss ich zum Schluss noch berichten: Joachim Eck, Immobilienmakler vom Kurfürstendamm. Er nahm ersten Kontakt mit mir auf mit einem Brief vom 4.11. 1987:

Betr.: Ihre Liegenschaft Egerstr. 10 in Berlin 62

Sehr geehrter Herr Dr. Lennert,
bitte gestatten Sie, dass wir uns heute in obiger Grundstücks-angelegenheit noch einmal in Erinnerung bringen.

Einer unserer Mandanten, ein angesehener Berliner Fabrikant, der sich seit langem um diese Liegenschaft bemüht, hat uns gebeten, Ihnen seine Bewerbung erneut vorzutragen.

Unserem Mandanten liegt außerordentlich gerade an diesem speziellen Grundstück, und er würde Ihnen gerne einmal einen äußerst attraktiven Liebhaberpreis vorschlagen.

Da unser Mandant erhebliche flüssige Geldmittel besitzt, ist er in der Lage, den Kaufpreis jederzeit sofort in bar zu bezahlen und braucht keine Kredite aufzunehmen.

Sehr würden wir uns freuen, wenn Sie von unserem Vorschlag einmal unverbindlich und vertraulich Gebrauch machen würden.

Bemerken möchten wir noch, dass keine Umwandlung in Eigentumswohnungen beabsichtigt ist.

In Erwartung Ihrer geschätzten Nachricht empfehlen wir uns mit freundlichen Grüßen

Joachim Eck GmbH Wirtschafts-Beratung

Natürlich hatte es keinerlei vorangegangenen Kontakt gegeben. Ich fand den Brief ziemlich unverschämt. In meiner Empörung antwortete ich, zugegeben etwas herb, wie folgt:

Betr.: Ihr Schreiben vom 4.11.87
"Liegenschaft Egerstr. 10 in Berlin 62"

Sehr geehrter Herr Eck,

nehmen wir mal an, Sie haben eine attraktive und charmante Frau. Nehmen wir weiter an, ich hätte diese Frau auf einer Gesellschaft kennen- und schätzen gelernt.

Wie würden Sie das eigentlich finden, wenn ich mich direkt oder über einen Vermittler an Sie wenden würde mit dem Vorschlag, Sie

mögen sich doch bitte von Ihrer Frau trennen und sie mir über-
lassen, da ich ihr viel mehr bieten könnte?

Stimmen Sie mit mir überein, dass "unverschämt" noch eine milde
Bezeichnung für dieses Verhalten wäre?

Nicht anders verhalten Sie sich mit Ihrem Vorschlag, ich möge
mich doch von meiner "Liegenschaft Egerstr. 10 in Berlin 62" tren-
nen, da Sie einen zahlungskräftigen Berliner Fabrikanten kennen,
der sehr viel dafür bieten würde.

Zunächst einmal haben Sie schlecht recherchiert, da "meine Lie-
genschaft" zwar in der Egerstraße, nicht aber in Berlin 62 liegt.
Weiterhin hätten Sie bei genaueren Recherchen feststellen können,
dass drei der vier im Grundbuch eingetragenen Besitzer dieses
Hauses dort seit mehr als 13 Jahren zufrieden wohnen und - wie
ich Ihnen versichern kann - dies auch in Zukunft beabsichtigen.
Dass ich dort nicht mehr wohne, ist nun wirklich meine Privatan-
gelegenheit und berechtigt Sie noch lange nicht zu der Annahme,
ich sei unter die Immobilienspekulanten gegangen.

Sollten Sie, werter Herr Eck, wie sicher viele Ihrer Berufskollegen,
Mitglied einer der politischen Parteien sein, die das Wort "Christ-
lich" im Namen führen, so empfehle ich Ihnen, sich mal einen Aus-
zug aus der diesbezüglichen Fachliteratur, vielleicht mit Hilfe des
Parteisekretärs, besorgen zu lassen. Ich denke besonders an das
häufig zitierte Werk: "Der kleine Katechismus" (Autor ist ein Immo-
bilien-Spezialist namens D. Martin Luther). Ich verweise besonders
auf das Kapitel: "Das 9. Gebot". Und eine Empfehlung an die Gat-
tin - keine Angst, ich kenne sie wirklich nicht! - aber vielleicht kann
sie ein bisschen darauf achten, dass Sie im Dienst nicht solche
schmutzigen Briefe schreiben.

Mit fehlender Hochachtung

(Dr. Thomas Lennert)

Einen Durchschlag des Briefes schickte ich an den Ring Deutscher Makler, Landesverband Berlin.

Zweieinhalb Jahre war Ruhe, dann folgte im März 1990 ein weiterer Brief, diesmal an einen anderen Bewohner des Hauses, aber mit meinem Doktortitel. Inzwischen war die Mauer gefallen und es hieß jetzt in schönster Wiedervereinigungslyrik:

„.Welch grandiose Veränderungen erleben wir in dieser Stadt! Umwälzungen, auch Erwartungen, die u. a. den Preisen für Grundstücke besonders wohl tun – Berlin an die Spitze europäischer Metropolen getrieben haben..."

Der ‚langjährige Mandant mit viel Barvermögen und erstklassiger Reputation' aber wartete noch immer unverändert auf mein Grundstück.

Es dauerte kein Jahr, da schlug Herr Eck an anderer Stelle zu. Er wollte jetzt das „Kaiserin Auguste Victoria Haus" haben, die Kinderklinik der Freien Universität in Charlottenburg. Auch hier verfüge ein Mandant über sehr hohe flüssige Mittel, „so dass er den Kaufpreis in bar bezahlen kann; auch eine Bankbürgschaft bereitet keinerlei Problem." Dass das Haus einmal als die teuerste Kinderklinik des Deutschen Reiches von Alfred Messel und Ludwig Hoffmann gebaut worden war und unter Denkmalschutz stand, war dem flüssigen Mandanten womöglich entgangen, weshalb Herr Eck für ihn ein Jahr später noch einmal nachhakte.

2005 war dann wieder mein Grundstück dran. Diesmal war der Sohn Oliver in die raffgierigen Fußstapfen seines Vaters getreten. Die Lyrik blieb die gleiche. Wieder würde die Hausbank seines Kunden die hervorragende Bonität bestätigen können. Seitdem erreichen mich in cirka halbjährigem Abstand Schreiben, abwechselnd von Vater und Sohn, um ja den Zeitpunkt nicht zu verpassen, an dem ich mit dem Gedanken spielen könnte, *„mich von meiner Liegenschaft zu trennen"* – an der ich übrigens seit Jahren keinen Anteil mehr besitze. Der letzte Brief, es war der neunte, kam im August 2010. Erwartungsfroh schaue ich ins Frühjahr 2011, wo wir dann den zehnten feiern können. Dann können wir, frei nach Brecht, singen:

„Und der Haifisch, der hat Eckzähne..."

P.S. Der zehnte kam erst im September 2015, der elfte dann im Januar 2018, dreißig Jahre nach dem ersten !

Joachim Eck
Wirtschafts- Beratung

Eck Wirtschafts-Beratung · Postfach 31 16 08 · 10653 Berlin

Herrn
Dr. Thomas Lennert
Ahornstr. 22
14163 Berlin

Berlin, den 23.01.2018 E/bm

Ihr Anwesen Egerstr. 10 in Berlin

Sehr geehrter Herr Dr. Lennert,

bitte erlauben Sie, dass wir heute noch einmal zurückkommen auf unsere Bewerbung, mit welcher wir Ihnen vor einiger Zeit das ganz besondere Interesse eines unserer Mandanten an Ihrer obigen Liegenschaft mitteilten.

Unser Kunde würde Ihnen gerne einmal einen ausgesprochen attraktiven Liebhaberpreis vorschlagen

Er verfügt über ganz erhebliche Bar-Mittel und eine excellente Reputation. Auf Wunsch erhalten Sie gerne vorab eine Bankbürgschaft.

Abb. 3 : 30 Jahre Eck - Briefe

Spray – Athen

Früher, in den wilden APO-Jahren, lasen wir an den Hauswänden: *"Nieder mit ...*" oder *"Freiheit für ...*" oder *"...raus aus...!"*, während es im Osten, staatlich gefördert, hieß: *"Es lebe...!"* oder *"Vorwärts zu ...*". Später, als die APO zur RAF wurde, klang es verbissener: *"Holger lebt!"*, wo er doch nun wirklich tot war. Dann kam die Wende.

Erst hieß es: *"Wir sind das Volk!"*. Später, als die Revolution erfolgreich schien, *"Wir sind e i n Volk!"*, bis die ersten Wessis den bösen Nachsatz erfanden: *"Wir auch!"*. Eine Mischung aus Trotz und Innerlichkeit war die Antwort der Ossis. In Wismar fanden wir *"Deutschland, halt's Ma*ul!" an einer Mauer, aber auch, eigenwillig in Form und Aussage: *"LIEBER TOD WIE ROT*!" an einer Garageneinfahrt. In Wildenbruch brachte uns "*Bonsen hängen*!" an einer Brücke ins Grübeln. War hier ein Orthographiedefizit am Werke oder ging es mal wieder gegen die Sachsen? In Berlin (Ost) fanden wir: *„Männer, bildet Grüppchen!"* als Antwort auf den täglichen Frust. In Jüterrbog klagte jemand perHauswand: *„ oi, oi,oi, ich bin dem Trottel treu*!" Und damit keiner auf die Idee kam, das als private Beziehungskiste zu missdeuten, fügte jemand noch ein Hakenkreuz hinzu und stellte mit einem Pfeil klar, dass als Trottel natürlich *„der Führe*r" gemeint sei. Ob das die rechten Glatzköpfe nachdenklich stimmen wird? Ein Beispiel für ‚joint venture' fanden wir in Greifswald: *„Liebe RAF! Jetzt noch Günther Krause!"* Die Besserwessis aber fühlen sich überlegen - und werden boshaft. *"Ich bremse auch für Trabbis*!", kürzlich als Aufschrift an einem Auto entdeckt, steht für den diskreten Charme der herrschenden Klasse. Doch lassen wir die Politik. Der Sommer ist da und mit ihm, wie eh und je, die Liebe. Und die treibt die Großstädter ins Grüne - über die Avus. Dort konnten wir schon vor Jahren auf einem Plakat der Verkehrswacht, das den Autofahrer mahnen sollte, dass "*ALKOHOL BENE-BELT!*", den ans Herzen gehenden gesprayten Zusatz lesen: "*MONIKA AUCH!*" Ekkehard Schwerk hat uns vor einiger Zeit im Tagesspiegel die traurige Geschichte erzählt von der großen Liebe, die zu Ende ging, aber noch viele Jahre in großen Lettern an der Yorck-Brücke zu lesen war, bis auch deren Ende kam.

Dafür haben wir jetzt die Avus-Unterführung am Hüttenweg. Als die ersten Frühlingslüfte wehten, begann es mit: "*Anke, I love you!*" - neudeutsch mit I und Herz und U. Da sich anscheinend mehrere Ankes angesprochen fühlten, musste noch nachgebessert werden: "*Anke H.*" Die Tage wurden wärmer, es folgte: "*Irina, I love you!*". Als die Sonne den höchsten Stand erreicht hatte, erschien an der Wand in simplem Deutsch, aber literarisch anspruchsvoller: "0 *Mio, mein Mio, ich liebe Dich. Anne*". Es sind übrigens noch Flächen frei. Wer traut sich's, bevor die Liebe wieder erkaltet und der Herbstregen alles verwischt?

Im Wald, da sind die Räuber...

BILD: Schulklasse verlief sich nachts im Düppeler Forst. Lehrerinnen riefen die Polizei an. Im Mannschaftswagen zurück zum Schullandheim.
Ein Sprecher der Senatsschulverwaltung wertete das Verhalten der beiden Lehrerinnen als sehr leichtfertig. Sie hättten den Weg davor bei hellem Tage mehrmals gehen müssen.

Ihre am 3. Mai veröffentlichte Meldung von der Schulklasse, die sich nachts im Düppeler Forst verirrt hat, ist viel zu schön, als dass man sie den Juristen von der Berliner Schulverwaltung überlassen darf. „Hand aufs Herz", wird man seine westdeutschen Freunde jetzt fragen können, „wusstet Ihr eigentlich, dass man sich bei uns im Wald verirren kann?"
Wo doch alle Welt bisher davon ausging, dass die Berliner ihre Bäume einzeln mit Vornamen kennen und beim Wandern ständig mit dem Kopf an die Mauer stoßen. Manch einer, den das ICC höchstens zu einer Stippvisite nach Berlin veranlassen würde, wird jetzt überlegen, ob er nicht die Enge westdeutscher Ballungszentren auf Dauer mit der Weite der Berliner Landschaft vertauschen sollte. Weitere Meldungen könnten diesen Trend verstärken. Ich denke an Schlagzeiten wie:
„Schiffbrüchiger nach drei Wochen auf einer Insel im Tegeler See entdeckt"
oder:
„Drachenflieger musste im Grunewald notlanden. Seit 48 Stunden nur Funkkontakt."
oder:
Bergsteiger am Teufelsberg durch Schneesturm zum Notbiwak gezwungen."

Ich meine, hier ist schlagartig ein Mehr an „Lebensqualität"
für diese Stadt gewonnen worden. Das sollte durch eine kräfti-
ge Belohnung vom Berliner Verkehrsamt an die Klassenkasse
honoriert werden.

Th. L. Tagesspiegel 6.5.1979

Die Glosse stieß beim Berliner Schulsenat auf Interesse. Kommentar in der vom Senator herausgegebenen Zeitung „Die Schule" vom Juli 1979:

„Ein Abenteuer, das sie bestimmt so bald nicht vergessen wer-
den, erlebten Anfang Mai Schöneberger Schüler, die sich bei
einer Nachtwanderung mit ihren Lehrerinnen im Grunewald
verliefen. Auch hier half die über Notruf alarmierte Polizei
Viertklässlern und Pädagogen aus der Klemme. Sie fuhren die
Finow-Grundschüler zurück zum Schullandheim. Ein Berliner
Vater fand, dass dieser unfreiwillige Verlauf ausgesprochen
werbewirksam für Berlin sei. Eine Berliner Tageszeitung veröf-
fentlichte seine Gedanken: „Hand aufs Herz," wird man seine
westdeutschen Freunde jetzt fragen können..."

Geschichten vom GU

Definitionen

Ein GU,

das in der Havel schwimmen kann,

ohne dass deswegen

die Mücken über dem Schlachtensee

beschließen,

vegetarisch zu leben,

ist kein GU

Ein GU,

das Egon,

dem längeren Zeiger der

Kaiser-Wilhelm-Gedächtnis-Uhr,

ein Bein stellt,

ohne dass deswegen

die S-Bahn

Verspätung hat,

ist auch kein GU.

Aber ein GU,

das auf dem

Kreuzberger Kunstmarkt

Kotelets als Pop-Art

zu Höchstpreisen verkauft,

ohne dass

einer hinein beißt,

das ist ein GU.

Ergo:

Das GU ist ein-

malig.

Schlusswort:

Das GU bleibt

was es ist.

Dafür wird gesorgt!

Das GU

Lange hatten wir noch auf das GU warten müssen, seit zum ersten Mal im April ein BILD-Zeitungsverkäufer auf dem Kurfürstendamm sich heiser geschrieen hatte: „Das GU kommt!"
Im Rathaus Schöneberg wussten sie von nichts, im Auskunftsbüro des Zoologischen Gartens sagte man uns:
„Nein, das GU ist noch nicht eingetroffen",
die Buchhandlung Schoeller weigerte sich, Vorbestellungen für das GU entgegenzunehmen, auch bei Aschinger war das GU nicht vorrätig, wohl aber Erbsensuppe.
Eines Tages aber, an einem hellen Maimorgen, war das GU da. Mit einem Lachen schwang es sich von der Spitze der Kaiser-Wilhelm-Gedächtniskirche, segelte wohlig-träge über den Tiergarten, rutschte mehrmals, vor Vergnügen glucksend, die Dachschräge der Akademie der Künste herunter und sprang schließlich pfeifend im letzten Moment auf das Dach eines S-Bahnwagens im Bahnhof Bellevue, obwohl der Mann mit der gar nicht roten Mütze schon „Zurückbleiben!" gerufen hatte. Am Bahnhof Westkreuz stieg es um und muss dann wohl irgendwo im Grunewald verschwunden sein, denn nie erreichte es den Bahnhof Nikolassee, wo doch die Mundharmonika-Kapelle der Berliner Stadtreinigung schon zum Empfang angetreten war. Missmutig steckten die Männer mit den rot-weißen Armbinden ihre Mundharmonikas wieder in die Taschen ihrer öligen Overalls und reinigten weiter die Straßen, die die Berliner, wiederholter öffentlicher Aufforderungen zum Trotz, nicht sauber hielten. Am nächsten Morgen aber schrie der BILD-Zeitungsverkäufer:
„Skandal! Das GU fährt mit der S-Bahn!"

Seitdem blieb das GU in der Stadt, sehr zum Ärger der Verkehrspolizisten und der Kindergärtnerinnen. Die Kinder aber und die Pflastermaler freuten sich. Die Kinder sangen jetzt beim Abzählen:

Eene meene mu,
morgen kommt das GU
Eene meene mange ma,
Das GU ist doch schon lange da!

Und die Pflastermaler kauften sich neue Kreiden und malten nur noch GUs, wogegen die Polizei machtlos war, was sie, wie schon erwähnt, sehr ärgerte.

Auch die BVG begann sich umzustellen. Erst war es nur der 48er, dann auch der 65er, der 72er, der 18er, schließlich alle Doppeldecker: Wo bisher behauptet wurde, dass *Doornkaat aus Koornsaat* stamme, hieß es nun, das GU 64 sei *das beste GU, das es je gab*. Die U-Bahn aber schloss sich dem nicht an, denn sie hatte dem GU die Geschichte mit der S-Bahn immer noch nicht verziehen. Willy Brandt funkte nicht mehr allwöchentlich rund, wo uns der Schuh drückt, sondern, wo uns das GU zwickt, denn das GU zwickte wirklich, bald hier, bald da, sang auch gern laut mitten auf der Schlossstraße, spielte Hinkekästchen im Foyer des Schillertheaters und fuhr mit einem Tretroller über die Stadtautobahn.

Selbst die Ostberliner Volkspolizei äußerte den dringenden Verdacht, dass das geheimnisvolle Wesen, das einem unbescholtenen Mann, SED-Mitglied und Familienvater, beim Baden im Müggelsee kürzlich ins rechte Bein gebissen hatte, nur das GU gewesen sein könne, und verdoppelte darauf die Posten an der Mauer. Die SPD dagegen sandte Häscher aus, das GU zu fangen, um es auf einer Wahlversammlung im Rahmen des kulturellen Beiprogrammes vorzuführen. Aber das GU ließ sich nicht einfangen, von niemandem – und von der SPD schon gar nicht. Eines Tages, ich kam gerade aus der Pathologie-Vorlesung [7] und war noch sehr verschlafen, begegnete ich dem GU. Ich war so verdutzt, dass ich nur *"GU!"* sagen konnte, und nichts weiter. Das GU lächelte und sagte „*Du!*" – und weil sich das reimte, blieben wir zusammen.

Wir spielen jetzt zu zweit Hinkekästchen im Schillertheater, „Himmel und Hölle" am liebsten, singen zweistimmig auf der Schlossstraße und wollen uns demnächst einen Beiwagen für den Tretroller kaufen. Die Leute werden Augen machen, wenn das GU nicht mehr alleine die Auffahrt am Hohenzollerndamm heruntergerollt kommt und sich mit elegantem Schwung in den Verkehr Richtung Spandau einordnet.

Nur das Beißen im Müggelsee wird das GU weiterhin alleine besorgen müssen, denn dafür bekomme ich keinen Passierschein.

---

[7] Wilhelm Maßhoff: Pathologisch-anatomischer Demonstrationskurs, 7.00-8.00 Uhr

Das GU als Staatsbürger

Es schneite in Berlin. Schon seit Wochen. Anfangs hatte das GU nur die ästhetische Seite dieses Naturvorganges beachtet, hatte Schneeflocken gezählt und unters Mikroskop gelegt, auch versucht, eine Flockensammlung anzulegen, es aber wieder aufgegeben, nachdem es zu Missverständnissen mit den Flocken gekommen war, und hatte im übrigen sämtliche benachbarten Familien, die mehr als drei Kinder vorweisen konnten, mit Schneemännern versorgt, kostenlos natürlich. Schließlich aber, als das Schneien nicht aufhören wollte, erwachte im GU das staatsbürgerliche Bewusstsein. Es begann damit, dass es dem Polizisten, der an der Kreuzung Clayallee/Argentinische Allee den Verkehr regelte, zielbewusst mit Hilfe eines wohlgeformten Schneeballs die Dienstmütze vom Kopfe riss, was der Polizist, da der Täter nicht auffindbar war, anstelle einer Anzeige mit einer Grippe beantwortete, die ihn fünf Tage vom Dienst fernhielt. Andere Kollegen, denen es bald ähnlich ergehen sollte, brauchten sieben bis zehn Tage, bis sie wieder hergestellt waren. Als schließlich einer nach dreiwöchigem Krankenlager für außendienstuntauglich erklärt werden musste und in die ‚Abteilung zur Förderung des Aufstellens von Blumentöpfen in Polizeirevieren' versetzt wurde, begann das GU sich zufrieden nach anderen Betätigungsmöglichkeiten umzusehen.

Es wandte sich zunächst dem Post- und Fernmeldewesen zu, füllte 23 Briefkästen im Raume Zehlendorf und 17 Telefonzellen im Raume Steglitz bis zum Rand mit Schnee und konstruierte Schneewehen zum Versenken von Briefträgern. Es folgte die BVG. Die U-Bahnstrecke vom Oskar-Helene-Heim bis zur Krummen Lanke wurde vom GU in einer einzigen Nacht mit Schnee bis zur Straßenhöhe eingeebnet, wobei es darauf achtete, dass alle Lücken sauber ausgefüllt wurden und der Schnee oben sorgfältig glatt gestrichen wurde, denn schließlich sollte es ja ordentlich aussehen. An die S-Bahn traute es sich allerdings nicht heran, da es befürchten musste, damit den Dritten Weltkrieg auszulösen. Um so emsiger widmete es sich den einzelnen Senatsverwaltungen, zunächst mit gezielten Schneeballwürfen durch senatseigene Scheiben, wodurch wichtige Akten unleserlich gemacht werden konnten. Dann stopfte es die Freiheitsglocke im Turm des Rathaus Schöneberg vollkommen mit Schnee aus, so dass sie resigniert verstummte, was die (Ost)Berliner Zeitung frohlocken ließ:

Die Ratten verlassen das sinkende Schiff!", ein freilich etwas schiefes Bild.

Der entscheidende Durchbruch aber gelang dem GU mit der Auffüllung des Fehrbelliner Platzes bis in die Höhe des Daches der Senatsverwaltung für Inneres. Wie immer hatte das GU nachts gearbeitet, um Menschenleben zu schonen. Die ersten Fahrgäste, die morgens der U-Bahn entstiegen und dem Ausgang zu eilten, mussten unverrichteter Sache wieder zurückkehren, was zu Ärger mit der Frau an der Sperre führte, die verlangte, sie müssten neue Fahrscheine lösen.

Das lebhafte Presseecho, das durch diese Ereignisse hervorgerufen wurde, erfüllte das GU mit außerordentlicher Befriedigung. Es beschloss, sich ein paar Wochen Urlaub zu gönnen, fuhr in die Sahara und verhandelt zur Zeit mit der algerischen Regierung über ein Grundstück in der Wüste. Sein rastloses staatsbürgerliches Bewusstsein, das auch im Urlaub nicht ruhte, hatte nämlich im GU den Plan reifen lassen, die ganze ehemalige Reichshauptstadt einschließlich der derzeitigen Hauptstadt der DDR in einen großen Schneeball verwandeln zu lassen, der, in die Sahara verfrachtet, der dort üblichen Sonnenbestrahlung und der sich vermutlich mit steigender Temperatur alsbald entwickelnden freien Initiative seiner Einwohner überlassen werden sollte.

Die einzige Sorge bereitet dem GU zur Zeit noch das Transportproblem.

Das GU hat einen Traum

Eines Morgens wachte das GU nach unruhigen Träumen auf mit dem Entschluss, sich einen Luftballon zu kaufen. Blau sollte er sein, denn der im Traum war grün gewesen. Nach dem Frühstück - das Ei war 20 Sekunden zu lange gekocht, was das GU ärgerte – machte es sich auf, zunächst zu Leiser in der Schlossstraße. Es begab sich in die Abteilung für Herrenschuhe.

„Ich hätte gern einen Luftballon und zwar einen blauen."

„Da müssense in die Kinderabteilung" erklärte die junge Verkäuferin nicht gerade freundlich. Sie hatte gerade einem lederbejackten, cordbehosten älteren Herren zehn verschiedene Arten von Gummistiefeln vorgeführt, bis er seine Absichten änderte und sich ein Paar Turnschuhe Größe 48 einpacken ließ.

In der Kinderabteilung erging es dem GU nicht viel besser. Diesmal war es eine ältere Verkäuferin mit rotgefärbtem Haar. Auf GU's höflich vorgetragenen Wunsch nestelte sie nervös am dritten Knopf - von oben gezählt – ihres Kittels und sagte:

„Wir verkaufen keine Luftballons!"

Da wies das GU auf drei Luftballons, die eben an langen Drähten, an denen Kinder hingen, aus der Tür getragen wurden.

„Ja, da müssense Schuhe kaufen und denn kriegense einen für die Kinder."

„Ich hab aber keine Kinder und Schuhe hab ich mir erst letzte Woche gekauft." „

„Denn könnwa nischt machen", brummte die Verkäuferin und wandte sich einer gerade eingetretenen dreiköpfigen Familie zu. Sie drehte sich noch einmal um und rief dem GU zu:

„Wir sind schließlich keen Spielwarengeschäft!"

Das GU überlegte: Sollte es sich noch ein Paar Schuhe kaufen? Aber davon kam im Traum nichts vor. Und Geld hatte es auch nicht mehr genug, denn es war schon der 25. Das GU verließ den Laden. In der Tür stieß es beinahe mit einem kleinen Mädchen zusammen, das einen knallroten Luftballon trug mit der Aufschrift ‚Peek und Cloppenburg'. „Hat ja keinen Zweck" murmelte das GU. „Für ein Kleid langt mein Geld ja auch nicht mehr, und außerdem brauche ich einen blauen."

Aufmerksam die Schaufenster musternd wanderte es die Schlossstraße entlang, bis es einen Spielwarenladen fand. „Bim – bim – bam" erklärte die Tür beim Eintreten, aber das war natürlich ironisch gemeint.

„Haben Sie Luftballons?" "*Nee! Kriegen wa ooch nich mehr rein. Und wissense, warum?"*

Der Ladenbesitzer, blonder Schnurrbart und Nickelbrille, lehnte sich nach vorn über den Ladentisch.

„Da hat so eener von die Dokters, wissense, im Westend, sone Dissertation gemacht. Det is wohl son Aufsatz, den müssense schreiben, wennse mehr Geld ham wolln. Na ja, und da hatta bewiesen, det die Masern vonne Luftballons kommen. Von die zum Uffpusten, wissense. Det hat der Jesundheitssenator jelesen und nu hatter se vaboten. Und die annern ‚mit Jas drin, die nehm ma *zu ville Platz wech und außadem könnse explodian."*

„Schönen Dank" sagte das GU. Es war wütend. Alles kommt bloß, weil das Ei zu hart war, dachte es, unter Verwendung einer nur ihm eigenen Form der Kausalität.

An der Ampel vor dem Titania-Palast blieb es stehen und überlegte. Aber es kam nicht weit, denn das Licht wechselte auf Grün, und sofort wurde es von der anströmenden Masse emsiger Hausfrauen über die Straße geschoben. Vielleicht sollte ich mal die Morgenpost kaufen, dachte es, als sein Blick auf einen Zeitungskiosk fiel. Stumm schob ihm die Frau die Zeitung zu:

‚*AUTOBRANDSTIFTER GEFASST'* schrie die Schlagzeile und etwas weiter unten

„*ICH WAR CHRUSCHTSCHOWS GELIEBTE"*

Ob's in Russland wohl Luftballons gab? Das GU schlug die Anzeigenseite auf: Heiratsgesuche, Wohnungstausch, Verkäufe, Ankäufe, Verschiedenes: Kanarienvogel entflogen. Wer erteilt Unterricht im Posauneblasen? Und dann:

,Kommen Sie zu mir mit Ihren geheimsten Wünschen. Kurt Mühlenhaupts Trödelladen bietet jedem etwas!'

Das war's! Blücherstraße 11. Am Hallischen Tor. Das GU wurde plötzlich fröhlich, so fröhlich, dass es gleich darauf dem Schaffner im 48er ein Bonbon anbieten wollte. *„Nee, danke"* sagte der und errötete, denn er war Student der Philosophie und noch nicht lange bei der BVG. *„Umsteigen hatten Sie gesagt, ja?"* *„Jawohl, in die Bülowstraße"*

In der U-Bahn musste das GU stehen. Wenn ich ne Eieruhr gehabt hätte, könnte ich jetzt bestimmt sitzen, dachte es grimmig, auch diesmal wieder etwas außerhalb der Legalität logischer Beweisführung.

Hamse ooch Luftballons?" fragte es eine halbe Stunde später, als zwischen den Sesseln, Lampenschirmen und Bücherhaufen in Mühlenhaupts Laden ein verstaubter Mann auftauchte.

„Wat denn, Sie ham aba ooch Wünsche!" meinte der Mann. *„Wolln ma nachkieken."* Er verschwand. Ob das der berühmte Kurt Mühlenhaupt selber war, fragte sich das GU voll Neugier. Nach zehn Minuten kam er wieder aus dem Dunkel des rückwärtigen Lagers hervor.

„Eenen ha ick noch jefunden, aba den kann ick Ihnen nich mehr vakoofen, der is janz vastaubt."

"Na, dann schenken Sie ihn mir doch" sagte das GU ganz aufgeregt. Es hatte unter der Staubschicht einen bläulichen Schimmer entdeckt.

„Ja, wissense, wenn wa wat vaschenken, müssen die Kunden immer noch wat dazu nehm, wat wa nich mehr loswern."

Kann doch nicht Kurt Mühlenhaupt sein, dachte das GU, der hätte mir den Ballon sicher so gegeben. *„Und das wäre?"* fragte es laut.

„Da muß ick erst ma inne Liste kieken."

Unter einem Haufen von alten Zeitungen holte er ein fleckiges Heft hervor.

„Aurenblick ma. Hier, ick habs: Een Klavier is dran. Det müssense aba selba wegtransportieren. Und kostet drei Mark Schutzgebühr."

Das GU überlegte. Drei Mark waren nicht zuviel für einen vom Senat verbotenen Luftballon. Masern hatte es schließlich schon gehabt. Aber das Klavier?

„Sie können unsern Bollawagen ham" sagte der Mann, *„wennse versprechen, ihn zurückzubringen."* Das GU überlegte weiter. Teltowkanal? Zu nah an der Grenze. Landwehrkanal? Zu viele Leute. Wannsee? Zu weit. Schlachtensee? Zuviel Schilf. Waldsee? Ja, das müsste gehen. Einsam, und eine Brücke ist auch da. *„OK"* sagte das GU und fügte hinzu: *„Is jut"*, denn ihm war eingefallen, dass der Mann vielleicht kein Englisch verstand. *„Nehm ick!"* Der Mann half ihm noch, das Klavier auf den Bollerwagen zu heben.

„Muß ick den Ballon einwickeln, oda steckense ihn so inne Tasche?" *„Geht so, danke!"* *„Denn noch viel Spaß beim Klaviersp*ielen!" Das GU zog los. Es war Mittag.

Gegen halb drei erreichte es die Hauptstraße, um vier zog es am Rathaus Steglitz vorbei. So gegen fünf bog es von der Potsdamer Straße in die Fischerhüttenstraße und erreichte bald darauf den U-Bahnhof Krumme Lanke. Noch ein bisschen hell, dachte es. Schade, dass ich allein bin, sonst könnten wir noch eine Runde Minigolf spielen. Schließlich bestellte es ein Kännchen Kaffee und drei große Stücke Bienenstich im Café Leopold. Gelegentlich hob es die Gardine ein wenig hoch, um zu sehen, ob der Bollerwagen noch an der Straße stand. Als schließlich eine etwa zwanzigköpfige Schar älterer Damen sich an den Nebentischen zu einem gesprächigen Kaffeeklatsch niederließ, fand das GU das Anlass genug, das Café zu verlassen, nicht ohne vorher bezahlt zu haben. Inzwischen war es halb sieben geworden und die Sonne untergegangen. Über die Goethestraße zog es den holpernden Wagen, bis es den Durchgang zum Waldsee erreichte. Es war nicht ganz einfach, den Wagen über die Bordsteinkante zu bringen, aber schließlich stand das GU an der Brücke und schaute auf den schläfrigen Waldsee. Wenn nur die Enten nicht aufwachen, dachte es, denn es konnte ihre heiseren hinterhältigen Schreie nicht ausstehen.

Fünf Minuten später war alles vorbei. Das Wasser war wütend bis hoch über das Brückengeländer gespritzt, aber das GU hatte längst die Flucht ergriffen und rannte, dass der Bollerwagen nur so flog. Der See ließ noch ein schwaches Gurgeln vernehmen und verstummte dann wieder. Die Enten hatten sich nicht gerührt. Erst mitten im Wald hielt das GU im Laufen inne, setzte sich auf den Wagen und schnappte nach Luft.

Nun konnte es losgehen. Es holte den Luftballon aus der Tasche, rieb den gröbsten Staub herunter und hielt ihn mit beiden Händen an den Mund. Dann blies es kräftig hinein, nach jedem Atemstoß den Ballon mit Zeigefinger und Daumen der linken Hand verschließend. Als er etwa die Größe des Kopfes eines dreimonatigen Säuglings mit eindeutigen Zeichen des *hydrocephalus internus* erreicht hatte, hörte das GU auf zu blasen. Es drehte den Ballon noch ein paar Mal um seine eigene Achse, um ihn gut zu verschließen, griff dann in die rechte Manteltasche, holte eine Sicherheitsnadel heraus, öffnete sie, wobei es den Daumen der linken Hand zu Hilfe nehmen musste, schaute auf die Uhr – es war 20 Uhr 11 – und stach in den Ballon. Mit lautem Knall verabschiedete sich dieser von seiner Laufbahn als Luftballon und Wasserkopf und wurde ein unansehnlicher Fetzen Gummi, der dem GU zwischen den Fingern hing.

„Hab ich ja gleich gesagt!" rief das GU triumphierend aus. „Auch die blauen knallen, wenn sie platzen!" Diesmal war die Beweisführung exakt, empirisch untermauert und entsprach voll und ganz den Bedingungen abendländischer Logik. Eine Amsel, die von dem lauten Knall erschreckt aus ihrem frisch gemachten Nest gefallen war, schimpfte wie ein Rohrspatz in den sonst schweigenden Wald. „Halt's Maul!" rief das GU, aber das war nicht so gemeint. Fröhlich vor sich hin pfeifend ergriff es die Deichsel des Bollerwagens und zog zufrieden heim. Als es drei Tage später den Bollerwagen wieder zurück brachte, - übrigens mit der S-Bahn – vermied es bei Kurt Mühlenhaupt ängstlich, aber erfolgreich ein Gespräch über das Klavier.

Berliner Heimat- kunde II

Berliner Weihnacht

Den Stoßseufzer "Berliner Weihnacht" von „mori" (Tsp. vom 13.12.98) über die flächendeckende Verunstaltung Berliner Fenster durch blinkende und flackernde bunte Weihnachtsbeleuchtungen kann ich sehr nachfühlen und in seiner Tendenz nur unterstützen. Zerknirscht allerdings frage ich mich manchmal, ob mich nicht ein gerütteltes Maß an Mitschuld an all diesem Geflacker trifft. Vor mehr als zwanzig Jahren, als es überhaupt noch keine blinkende Weihnachtsbeleuchtung zu kaufen gab, habe ich einmal für meine Familie eine Weihnachtskrippe gebastelt, aus Holz mit einem schönen Strohdach. Kurz vor der von den Kindern mit Spannung erwarteten Bescherung stellte ich fest, dass das kleine Jesuskind in der Krippe doch arg im Dunkeln lag. Also musste noch eine Beleuchtung her. Da mir Kerzen zu gefährlich erschienen, bat ich die Kinder noch um etwas Geduld und eilte zum Handwerkskasten, um eine Batterie, eine kleine Birne und zwei Kabel zu besorgen. Alles wurde fachgerecht miteinander verbunden, die Batterie gut versteckt, und so strahlte die Krippe in hellem Licht, andächtig bewundert von den Kindern. Bis - ja bis nach etwa einer Minute etwas Unvorhergesehenes geschah: Die Birne fing an zu blinken! Die Kinder kicherten verstohlen, dann auch die Erwachsenen. Die feierliche Weihnachtsatmosphäre war dahin, sie ging unter in einem homerischen Gelächter. Was war geschehen? Ich hatte versehentlich eine Birne aus einer ausrangierten Warnblinklampe benutzt, der man ja nun wirklich nicht ansehen konnte, dass sie sich nach kurzer Erwärmung in ein Blinklicht verwandeln würde. Da ich keine andere Birne zur Hand hatte, blieb diese Beleuchtung noch für einige Tage bestehen, sehr zur Freude der Kinder, die sie immer wieder ihren

Freunden, die zu Besuch kamen, vorführten. Und wer will denn ausschließen, dass unter den Vätern dieser Freunde nicht einer war, der nur auf eine neue Idee zur kommerziellen Vermarktung von Weihnachts-beleuchtungen gewartet hatte.

Also, ich versichere hiermit noch einmal allen Produzenten dieser optischen Quälgeister: Es war ein Irrtum, ein Versehen!! Und nie wieder habe ich die Krippe elektrisch beleuchtet. Ein Teelicht tut es auch, ist sicher und gibt ein viel schöneres Licht.

Die Judenharfenistin und der Zungenpaganini

Zur Erinnerung an die Leonore-Goldschmidt-Schule am Roseneck
(Jüdische Oberschule 1935-1939), an der mein Onkel Wolfgang Lennert zwei
Jahre lang Lehrer war. Dort lernte er seine Freundin, die jüdische Lehrerin
Marie Händler, kennen. Wolfgang verhungerte und erfror als deutscher Soldat
in Stalingrad, während Marie in Majdanek ermordet wurde.

Davids Lieblingsonkel Gregor, der Bruder seiner Mutter, war
ein Künstler. Er malte in Frankreich, musizierte in Wien und
hatte lange schwarze Haare, die bis über die Schultern reichten.
Nur ganz selten kam er nach Berlin, wo David mit seinen Eltern
wohnte. Beim letzten Mal hatte er ihm aus Budapest eine Maultrommel mitgebracht. *„Meine englischen Freunde nennen sie
‚Jew's harp', eine Judenharfe. Ich weiß auch nicht, warum.
Vielleicht findest Du es ja eines Tages heraus."*
Seitdem übte David in jeder freien Minute Maultrommel spielen.
Er besuchte die 10. Klasse der Jüdischen Oberschule am Roseneck in Berlin. Seine Klassenkameradin Esther war die beste
Geigerin der Schule und endlich auch seine Freundin geworden,
nachdem er sie lange schon heimlich angebetet hatte. Es war
Donnerstag, der 10. November 1938. Die äußerst besorgte
Direktorin, Frau Dr. Goldschmidt, hatte die Schüler am Morgen
gleich wieder durch den Hintereingang der Schule nach Hause
geschickt. Sie sollten in kleinen Gruppen nach Hause gehen. Es
wäre heute nicht ratsam, wenn größere Gruppen jüdischer Kinder sich auf der Straße zeigen würden.
Esther wirkte sehr verstört, so dass David ihr vorschlug, mit
dem Rad noch etwas in den Grunewald zu fahren, wo sie einen

heimlichen Treffpunkt hatten. Kaum waren sie abgestiegen, warf sich Esther weinend an seine Schulter. *„Weißt Du, was passiert ist? Gestern hat die Gestapo eine Razzia bei uns zu Hause gemacht, und ein Polizist hat mir meine Geige weggenommen. Juden bräuchten keine Geige mehr, meinte er."* Sie schluchzte. *„Ich kann mir das Leben ohne meine Geige aber überhaupt nicht vorstellen."* David legte tröstend den Arm um sie, während sie sich auf einen Holzstoß setzten. Er schwieg lange, dann nahm er seine Maultrommel hervor und spielte eine traurige, getragene Melodie. Plötzlich rief er: *„Jetzt weiß ich es!"* „Was weißt *Du jetzt?"* „Warum es ‚Jew's harp' heißt. *Weil sie uns die nicht so leicht wegnehmen können!"* Nach einer Weile bestiegen sie die Fahrräder und fuhren zu Davids Wohnung. Schon aus der Ferne sahen sie Möbel und Glassplitter vor dem Haus liegen. Eine Nachbarin gab ihnen verängstigt Zeichen, besser hinter das Haus zu fahren. Dort berichtete sie ihnen stockend, dass die Gestapo Davids Eltern abgeholt hatte, und es besser sei, wenn er jetzt nicht nach Hause käme. Wie benommen fuhr David mit zu Esthers Eltern, wo er aber nicht bleiben konnte, da die Wohnung auch schon regelmäßig überwacht wurde. Er kam zunächst bei hilfsbereiten Nachbarn unter, die ihn gleich am nächsten Tag zu einer Bauernfamilie in einem kleinen Dorf in Brandenburg brachten.

Die Bauersleute waren wortkarg, aber freundlich. Er erhielt einen neuen Namen und musste auf dem Hof mithelfen. Nachbarn wurde er als entfernter Verwandter aus Ostpreußen vorgestellt. Da der einzige Sohn der Familie gleich zu Beginn des Krieges im Osten fiel, gelang es mit Hilfe eines mutigen Dorfpolizisten immer wieder, David vor der Wehrmacht zu bewahren. Oft saß er nach getaner Arbeit auf der Bank vor dem Haus und dachte an seine Eltern, von denen er keinerlei Nachricht hatte. Wenn die Traurigkeit ihn zu sehr übermannte, griff er zur Maultrommel und spielte lange in der Dämmerung.

So gingen Jahre ins Land. Irgendwann war der Krieg zu Ende, die Russen zogen ein ins Dorf und die Bauersleute gaben ihm zu verstehen, dass sie jetzt nicht länger für ihn sorgen könnten. Er erhielt seinen alten Namen zurück und kam nach Berlin in ein Heim für elternlose Jugendliche. Sie waren eine bunt gewürfelte, wilde Bande aus vielen Ländern Europas. Einmal, so erinnerte sich David, wurde ihnen der Besuch einer Tanzparty von den Erziehern verboten, weil sie nachts im Mädchenschlafraum mit einer Flasche Wodka erwischt worden waren. Da schlug David vor, dass sie doch im Heim selber eine Party machen könnten. *„Wie denn, ohne Musik?"* maulte sein Freund Ricky. *„Wart's* nur ab" sagte David. Er holte seine Maultrommel hervor, die er all die Jahre gehütet hatte. „Wat isn ditte?" fragte Ede, der aus Neukölln kam. *„Na, ne Maultrommel"* *„Kenn ick nich!"* Da grinste Jacek, der Pole: *„Komm her, ich kann Dir mal was aufs Maul trommeln, dann Du weißt, was eine Maultrommel ist!"* *„Hört auf!"* rief David und drängte sie auseinander. Aus der Küche holten sie einige Kochtöpfe, ein Holzbrett und zahlreiche Löffel. Bald war eine wilde jam session im Gange, immer wieder rhythmisch angetrieben von Davids zirpenden und fauchenden Maultrommel-Passagen. Dazu wurde wild getanzt.

David holte das Abitur nach und studierte dann Sozialpädagogik und Musik. In den Sommerferien verdiente er sich Geld als Betreuer einer Gruppe Berliner Kinder, die nach Österreich fuhren. Sie wohnten in einfachen Holzhütten an einem See, an dem auch einige Zelte standen. Eines Abends saß David vor der Hütte und betrachtete den Sonnenuntergang. Plötzlich hörte er ein merkwürdig zirpendes Geräusch, das ihm irgendwie vertraut vorkam. Er ging den Tönen nach und traf vor einem der Zelte eine junge Frau mit einer Maultrommel. Als er näher kam, traute er seinen Augen nicht. Es war Esther. Er räusperte sich und fragte leise:

„Seit wann kannst Du denn Maultrommel spielen?" Esther schaute auf und erkannte ihn. Mit einem Schrei fiel sie ihm um den Hals.

„David! Ich habe immer wieder an Dich denken müssen. Und als ich vor einiger Zeit in Wien in einem Schaufenster Maultrommeln sah, habe ich gleich eine gekauft und versuche jetzt, so zu spielen wie Du."

Sie hatte mit ihrer Mutter Theresienstadt überlebt, während der Vater schon auf dem Transport gestorben war. Nach dem Krieg waren sie in die Heimat der Mutter nach Österreich gezogen, wo sie zur Zeit eine Ausbildung als Krankenschwester machte. Jetzt verbrachte sie ein paar Urlaubstage mit einer Freundin am See.

Es gab noch so viel zu erzählen. Sein Vater war, wie David vom Roten Kreuz erfahren hatte, gleich in Sachsenhausen an Entkräftung gestorben und seine Mutter hatte Ravensbrück nicht überlebt. Von Onkel Gregor hieß es, er lebe irgendwo in Südamerika.

Esther rückte ganz nahe an David heran und streichelte seine Hände. Dann spielten sie zusammen Maultrommel, bis es dunkel war.

Beiden war klar, dass sie sich nicht mehr aus den Augen lassen würden. Kaum hatte sie ihre Ausbildung beendet, zog Esther nach Berlin. Ein Jahr später heirateten sie. Sie hatten zwei Töchter, Judith und Miriam, auf die sie sehr stolz waren. Judith bekam später zwei Söhne, Ben und Jacob, und arbeitete als Lehrerin. Die Großeltern mussten oft als Babysitter einspringen.

Als Ben sechs Jahre alt war, besuchte er wieder einmal mit seiner Mutter und seinem vierjährigen Bruder die Großeltern, die er sehr liebte.

Die Tür zu Opas Arbeitszimmer stand etwas offen und Ben hörte ein merkwürdiges Zirpen und Brummen.

„*Was ist denn das?*" fragte er seine Mutter. Die schmunzelte:
„*Ich glaube, Oma und Opa spielen Maultrommel!*"

„*Ehj, das glaub ich nich! Siehst Du irgendwelche Trommeln? Ich glaub, die spielen an ihren Zahnspangen!*"

Ben war seit wenigen Wochen stolzer Besitzer einer Zahnspange. Sofort meldete sich Jacob:
„*Ich will jetzt endlich auch eine Zahnspange!*"

Der Großvater schaute die Großmutter an, schob die Maultrommel etwas beiseite und fragte in zärtlichem Ton:
„*Na, meine jüdische Harfenistin, wann gibt's denn Abendbrot?*"

Sie lächelte: „*Bald, mein Zungenpaganini, bald!*"

Im Halbfinale desTagesspiegel-Erzählwettbewerbs 2010

Berliner Demonstrationen

Der 4. November 1956 hatte einen wesentlichen Einfluss auf unser Familienleben. An dem Tag war der Aufstand in Ungarn zusammengebrochen, die Russen waren mit Panzern in Budapest eingerückt und Imre Nagy forderte vom letzten unabhängigen Sender aus mit dramatischen Worten die Welt auf zu helfen. Wir besaßen, weil unser Vater ein sparsamer und preußisch-genügsamer Mensch war, kein Radio. Er fand das nicht nötig. Einmal hatten uns Bekannte, die in den Urlaub fuhren, für drei Wochen ein Radio in Pension gegeben. Das konnte den Vater nicht umstimmen. So mussten wir in der Schule immer um ein alternatives Aufsatzthema bitten, wenn es mal wieder hieß: „Was lehrt uns das Radio?" Mein jüngerer Bruder Stefan, der mit 14 Jahren schon große kaufmännische Talente besaß und deshalb auch später Kunsthändler wurde, war erst auf der Stufe des Tauschhandels angelangt. Zufällig hatte er gerade ein paar seiner Guppies gegen ein kleines Detektor-Radio eingetauscht, an dessen Ohrstöpseln wir alle nun abwechselnd hingen. So konnten wir aber auf Dauer dem Weltgeschehen nicht gerecht werden. Das sah sogar unser Vater ein und gab seinem jüngsten Sohn grünes Licht, notfalls sogar unter Kapitaleinsatz, der Familie ein gebrauchtes Radio zu verschaffen. Das tat der dann auch.

Aber vorher wurden wir, noch am Stöpsel, aufgefordert, zu einer Solidaritätskundgebung am 5, November vor das Schöneberger Rathaus zu kommen. Ich fuhr mit dem Fahrrad aus Zehlendorf dort hin.

Es sprachen Ernst Lemmer, Otto Suhr und Willy Brandt und machten Wahlkampf. Das Volk war frustriert, bis eine unbekannte Person am Ende das Mikrofon ergriff und rief:

" Auf zum Brandenburger Tor!!! "

So lernte ich den Umschlag einer Kundgebung in eine spontane Demonstration kennen, eine in Berlin später häufig zu beobachtende Situation. Ein breiter Zug Menschen wälzte sich mit Fackeln durch Schöneberg und Charlottenburg. Kurz vor dem Brandenburger Tor wurden wir von Westberliner Polizisten aufgehalten, die das Schlimmste zu verhindern suchten. Das gelang ihnen auch weitgehend, nur fehlten am Ende elf Jugendliche, die Steine werfend durch das Tor gedrungen und von der Volkspolizei festgenommen worden waren. Einer war aus meiner Schule. Er gehörte zu den acht, die nach zwei Tagen freigelassen wurden, nachdem ihre Eltern gezwungen worden waren, vorher auf einer Ostberliner Pressekonferenz Reue zu heucheln. Die letzten drei waren zu Rädelsführern erklärt worden und blieben in Haft. Unser Mitschüler aber wurde an der Schule als Held gefeiert. In Ungarn kehrte wieder sozialistische Ruhe ein. Imre Nagy wurde auf Befehl der Russen hingerichtet.

Ich habe danach noch an vielen Menschenansammlungen in Berlin teilgenommen. Mal in friedlicher Absicht, so bei den Besuchen von John F. Kennedy und Jimmy Carter, mal in aggressiver Stimmung nach dem Tod von Benno Ohnesorg und dem Attentat auf Rudi Dutschke. Ich lernte die schützende Wirkung der Glas-Vitrinen am Kurfürstendamm kennen, hinter denen man sich so gut vor den Wasserwerfern der Polizei schützen konnte. Ich marschierte gegen den Vietnam-Krieg, gegen Antisemitismus, Springer und rechtsradikale Anschläge. Ich stand am Wittenbergplatz, als es im Lautsprecher hieß: „Und jetzt spricht Rudi zu uns!" Mir ging damals durch den Kopf: Warum konnte der nicht sagen: Und jetzt spricht Rudi ? Der ist doch nicht der Papst ! Als fertiger Mediziner war ich dann auch noch gefragt. Einmal sollte ich Auskunft geben, wo man Buttersäure in größeren Mengen herbekommt, um sie auf Autos mit Springer-Zeitungen zu kippen. Buttersäure stinkt nämlich gewaltig, aber leider hatte ich keine Bezugsquelle. Und einmal wurde ich sogar rekrutiert für die sogenannte „Rote Hilfe". Wir warteten in einem Raum in der TU mit mehreren Ärzten und Krankenschwestern auf viele Verletzte nach einer wilden Schlacht um das Springer-Hochhaus. Damals waren die Polizei und die Radios noch so herrlich altmodisch, dass man den Polizeifunk abhören konnte. Es klang nach hunderten von Verletzten. Gekommen ist dann aber keiner. Nur ein müder Revolutionär der Roten Hilfe fragte mich leise: *„Ehj, haste nich ne Captagon für* mich?" Sorry, damit konnte ich auch nicht dienen.

In der Kinderklinik kamen wir später eigentlich gut mit Polizisten aus, waren sie doch häufig Frischblutspender für unsere Neugeborenen, die wegen einer Blutgruppen-unverträglichkeit eine Gelbsucht entwickelten. Wir hatten unsere eigene Spenderkartei, auf der am häufigsten Polizisten und Studenten vermerkt waren. War es dann wieder mal Zeit für eine Blutaustauschtransfusion, riefen wir die Polizei an, um den passenden Spender herbei zu holen. Auch hier half uns unser altes Radio wieder. Wir konnten die Suche im Polizeifunk verfolgen und einschätzen, ob wir uns im Nachtdienst noch ein Spiegelei braten konnten, bevor der erste Spender eintraf. Wir benötigten immer zwei Spender, aber manchmal, in komplizierten Fällen, wurden auch mehr als zwei angefordert, um die passenden Untergruppen zu finden. War ein Polizist der Spender, kam regelmäßig ein ganzer Mannschaftswagen. Schließlich war es bei uns im Winter schön warm und im Sommer kühl, auch mussten die Kollegen ja dem Blutspender menschlichen Beistand leisten. Aber wenn wir dann auch noch zusätzlich Studenten anforderten, gab es Unruhe unter den Polizisten. *„Warum reichen wir denn nicht?"*

Einmal rutschte mir als Erklärung heraus:

„Wissen Sie, unser Chef hat angeordnet, dass auf jeden halben Liter Polizistenblut ein halber Liter Studentenblut folgen muss. Das ist die Berliner Ausgleichsmischung!"

Vielleicht ist das ja der Grund, warum die Demonstranten heutzutage in Berlin friedlicher geworden sind.

R A F
- aus den Mädchenjahren des Terrorismus -

Mit der RAF hatte ich nun wirklich nichts im Sinn. Ich war schon im Beruf, als sich in Berlin Teile der APO schrittweise in den Untergrund bewegten. Und doch waren die Ausläufer des politischen Terrorismus so weit verzweigt, dass man punktuell eben doch damit in Berührung kam.

Es wäre allerdings reine Koketterie, wenn ich behaupten würde, ich gehörte zu den Leuten, die sich Gedanken machten, wie sie sich verhalten hätten, wenn Ulrike Meinhof plötzlich an ihrer Tür geklingelt und um ein Quartier gebeten hätte. Bei mir hätte sie vermutlich nicht geklingelt! Der Berliner Studentenführer der 60er Jahre, der ASTA- und VDS-Vorsitzende Klaus Meschkat, heute Professor der Soziologie, den ich aus der Studienstiftung und aus der Berliner „Deutsch-Israelischen Studiengruppe" kannte, war, wie mein Bruder Andreas, Mitglied des Berliner SDS, Beide wurden später deswegen sogar aus der SPD ausgeschlossen. Meschkat hat mir einmal fröhlich versichert, auf Grund meiner verwandtschaftlichen Beziehungen zum SDS würde er sich dafür einsetzen, dass, wenn die Revolution kommt, ich nicht in der ersten Welle erschossen würde, sondern erst in der zweiten.

Na ja, warten wir's ab! Nun sind wir beide schon im Ruhestand, doch die Revolution lässt immer noch auf sich warten.

Tiefer berührte mich schon die folgende Erinnerung. Im Sommer 1960 bemühte ich mich heftig um eine rotblonde Berliner Medizinstudentin namens Ursula, die aus Hamburg stammte. Eines Tages kam eine ihrer Freundinnen zu Besuch, die mit ihr im vornehmen Blankenese die Schule besucht hatte. Sie hieß Angela und wir drei haben eine ganze laue Sommernacht in

einem Zehlendorfer Garten bei Rotwein und Kerzen mit tief-
sinnigen Gesprächen verbracht. Später verlor ich Ursula aus
den Augen. Aber als ich sie zufällig dreißig Jahre später wieder
traf, erfuhr ich, dass die Freundin Angela Luther gewesen war,
später ein Mitglied der RAF. Sie wurde verdächtigt, 1972 am
Sprengstoffanschlag auf das Heidelberger US-Hauptquartier
beteiligt gewesen zu sein. Seit 1973 ist sie spurlos verschwunden. Das BKA vermutet, dass sie tot ist oder unter falschem
Namen im Ausland lebt. Im Zeitraum zwischen unserer Garten-
plauderei und dem Beginn ihrer Untergrundtätigkeit war sie
auch mal die Ehefrau des Hamburger Film-Regisseurs Hark
Bohm, von dem das Hamburger Stadtmagazin „klönschnack"
berichtet, er sei als Student damals gerne im Cabrio bei den
Luthers, einer vornehmen Blankeneser Rechtsanwaltsfamilie,
vorgefahren, um Monopoly zu spielen.

Was es für Menschen und ihre Angehörigen bedeuten kann,
fälschlich auf ein RAF-Fahndungsplakat zu geraten, erlebte ich
bei Freunden, deren Sohn auf Grund einer falschen Zeugenaus-
sage ins Visier geriet und sich daraufhin jahrelang im Ausland
versteckt hielt. Der Aufklärungsfrust des BKA verbunden mit
einer exzessiven Verfolgungswut erlaubte es der Behörde erst
nach Jahren, von der falschen Beschuldigung abzurücken und
dem Betroffenen eine Rückkehr ins normale bürgerliche Leben
zu ermöglichen.

Nun soll noch von Gudrun Ensslin die Rede sein, die auf
merkwürdige Weise an meine Familie geriet.
Es ist viel darüber spekuliert worden, was ihre wahre Natur
war: Das sanfte, ätherische, hochintelligente Mädchen ihrer
Studienjahre in Berlin, oder die spätere harte, ordinäre, brutale
RAF-Aktivistin, die einem ungebildeten, faulen, arroganten und
brutalen Macho namens Andreas Baader verfallen war.

Persönlich habe ich sie nie kennen gelernt, wohl aber mein Vater, der von der Studienstiftung den Auftrag erhalten hatte, sich mal um die Stipendiatin und ihre festgefahrene Doktorarbeit über Hans Henny Jahnn zu kümmern. Irgendwann zwischen 1965 und 1967 hat sie dann wohl mehrfach im Arbeitszimmer meines Vaters in Schlachtensee gesessen. Wie manch anderer Professor der FU war er fasziniert von ihrer Persönlichkeit und versprach ihr Unterstützung. Später, nach der Kaufhausbrandstiftung in Frankfurt, hat sie der FU-Jurist und zeitweilige Rektor Ernst Heinitz dann sogar im Prozess verteidigt und ihr, wie Stefan Aust schreibt, Schokolade und Zigaretten ins Gefängnis geschickt. Mein Vater begann eine Korrespondenz mit ihr, die leider nur noch in Resten erhalten ist. Er hatte nie darüber gesprochen. Vermutlich war es auch nicht ratsam, im Kreis seiner oft eher konservativen Kollegen darüber zu reden. Wir fanden die Briefe in seinem Nachlass, als er 1988 starb.

Erhalten ist ein fünf Seiten langer, mit Bleistift geschriebener Brief Gudrun Ensslins vom 27.8. 1968 aus der Untersuchungshaftanstalt Homburger Landstraße in Frankfurt an den „sehr verehrten, lieben Herrn Professor Lennert"

Sie schreibt über ihre Proust-Lektüre und diskutiert literarische Aufsätze meines Vaters, die er ihr geschickt hatte, geht auf sein Hobby, die Ornithologie, ein, berichtet von Träumen von Tauben und Nachtfaltern und erinnert sich an das Pfarrhaus, in dem sie als Kind gewohnt hatte. Wörtlich schreibt sie:

...Über das, was mit mir hier geschieht, kann ich nur sehr schwer reden. Ich lese Dante, *denke an Hieronymus Bosch, lese Nietzsche (wieder) und immer noch Marx und eine sehr umfangreiche Luxemburg-Biographie. Aber was heißt das schon. Lesen hat einen neuen Stellenwert bekommen, und einen sehr ambivalenten, einerseits deklassiert (was früher Spülen, Ein-*

kaufen war), andererseits und gleichzeitig hinterlässt es ent-
schieden tiefere Spuren als je zuvor...."

Vier Jahre später, am 10.8. 1972, schreibt ihr mein Vater in die
Justizvollzugsanstalt Essen, wo sie auf den großen RAF-
Prozess wartet. Der Brief ist nur deshalb erhalten, weil er vom
Leiter der JVA wieder zurück geschickt wurde, da „aufgrund
eines Beschlusses des Bundesgerichtshofes Gudrun Ensslins
Schriftverkehr auf den Verkehr mit Angehörigen und amtlichen
Stellen beschränkt" wurde.

Gudrun hat ihn nie zu lesen bekommen, aber vielleicht sollte er
der Nachwelt dennoch erhalten bleiben:

„Liebe Gudrun!
Draußen geht ein früh-morgendliches Gewitter herunter und
ich sitze an meinem unaufgeräumten Schreibtisch. In fünf Ta-
gen ist Ihr 32. Geburtstag, und da die Fristen, in denen Briefe
Sie jetzt erreichen können, ja wahrscheinlich etwas unüber-
schaubar lang sind, *schreibe ich Ihnen den Geburtstagsbrief*
schon heute, „unter dem Gewitter".
Als ich wegen des langen Schlaflosliegens, das Fluch und Se-
gen des Alters zugleich ist, daran dachte, fiel mir – wahrhaftig
„unwillkürlich"! – der bemerkenswerte Ausspruch meines
Enkels Florian ein, dessen Geburt (am 30.12.69) Sie nicht mehr
„miterlebt" haben. Ich komme mit ihm vor ein paar Tagen von
einer Wannsee-Dampferfahrt zurück auf den Guntersblumer
Weg, wo seine Mutter an der Nähmaschine meiner Frau sitzt,
da sie in ihrem modernen Kleinhaushalt keine hat. Florian,
dessen technische Intelligenz seiner sprachlichen vorläufig
noch weit voraus ist, studiert gespannt die Vorgänge an einer
rotierenden Nähmaschine und sagt dann plötzlich: „Das kenne
ich noch nicht." Das war bei weitem der sprachlich vollkom-
menste Satz, der bisher aus seinem Munde gekommen ist, und
ich habe dabei auch noch in keiner Weise an Sie gedacht. Aber

---

als ich heute im Morgengrauen an Sie dachte, war da plötzlich eine Verbindung da: was mir an „Euch" so unheimlich, rätselhaft und auch ein bisschen unglaubwürdig ist, ist eben das, dass „Ihr alles kennt". „Die Strukturen der Gesellschaft", den Gang der Geschichte rückwärts und vorwärts, das Beste für die Menschheit, und so weiter und so weiter. Das hat wohl mit Hegel und Schelling angefangen? Immer diese Schwaben, und der Sachse Fichte hat es ihnen prompt nachgemacht. (Der andere Sachse, Lessing, war da viel vorsichtiger, die „Erziehung des Menschengeschlechts" ist wohl bloß eine momentane Verirrung von ihm gewesen; wie auch Kant vorsichtig war und sich nur ganz gelegentlich mal „verstieg".)

Merkwürdig, merkwürdig. Und Ihr müsst's büßen und wir büßen's an Euch.....

Ihr alter Rudolf Lennert „

Wer weiß, wenn der Brief seine Empfängerin erreicht hätte, vielleicht hätte das Erstaunen meines Sohnes Florian über das Surren einer alten Singer-Nähmaschine mit Fußantrieb bis in die Kreise der Roten Armee Fraktion gewirkt.

Aber eher wohl nicht. Andreas Baader hätte mit Gudrun Ensslin geschimpft, was sie da für Korrespondenzen mit einem spinnerten bürgerlichen Scheißer führt, statt die Revolution voranzutreiben.

Und fünf Jahre später hätte sie sich dennoch umgebracht.

Das Hof-Fest

„Nick und Jan, könnt Ihr mal das Wäldchen aufräumen? Nächste Woche ist Hof-Fest!" rief Beate ihren Söhnen zu.

Nick (15) und Jan (17) lebten mit ihren Eltern in einem großen Haus in Zehlendorf. Es war mal als Kommune gedacht gewesen, aber inzwischen waren daraus meist Eigentumswohnungen geworden. Hinter dem Haus war ein großer Hof mit etwas Rasen und Büschen in einer Ecke, genannt „das Wäldchen", das von den Kindern zu den verschiedensten Zwecken genutzt wurde. Einmal im Jahr fand ein großes Hof-Fest statt.

„Immer wir!" maulte Jan und Nick fragte: *„Warum machen das nich mal die andern?"* *„Heißt es nicht:* *„Der Pfadfinder ist hilfsbereit?"* .fragte Beate. Beide Jungen waren bei den Pfadfindern. *„ Wir machen das jetzt aber nur, wenn wir auf dem Fest ein Lagerfeuer machen dürfen."* *„Mal sehn."* Missmutig ergriffen Jan und Nick eine Harke und marschierten im Gänsemarsch in die Ecke. Dabei sangen sie: *„Wie oft sind wir geschritten, auf schmalem Negerpfad, wohl durch der Steppe Mitten, wenn früh der Morgen naht... „*

Im dritten Stock ging ein Fenster auf: *„Könnt Ihr bitte diesen reaktionärem Gesang sofort beenden!"* Das war Georg, ein Jurist, ehemals Juso, inzwischen Abteilungsvorsteher der SPD in Zehlendorf-Süd. *„Ach!"* rief Jan, *„sollen wir vielleicht lieber singen: ,Auf schmalem Afro-Amerikaner-Pfad?"* *„Wieso,"* fragte Nick *„waren denn damals in Afrika auch schon die Amis dabei?"* *„Quatschkopp*!" knurrte Jan. und machte sich ans Aufräumen des Wäldchens, in dem Coladosen, Plastiktüten und Papierservietten herumlagen.. *„Hier!"* rief Nick, *„das is doch sicher von dir*!" Er reichte ihm ein gebrauchtes Kondom. Jan errötete..

Am nächsten Tag traf sich das Fest-Komitee. Wer besorgt zwei Fässer Bier? Wer kümmert sich um Bänke und Tische? Wer bringt was zum Essen mit? *„Cem, du musst unbedingt wieder diese gefüllten Auberginen machen wie im letzten Jahr!"* Cemal, genannt Cem, war Türke. Er lebte mit seiner deutschen Freundin Vera im Haus. *„Du meinst wohl ‚Der Imam fiel in Ohnmacht'?"* fragte Beate. Da wandte sich Roswitha, eine Religionswissenschaftlerin, die gerade überlegte, zum Islam überzutreten. an Cem. *„Wieso müssen wir denn etwas essen mit einem* so *islamfeindlichen Namen? Kannst du nicht Köfte machen?"* Cem war beleidigt. *"Der Imam fiel doch in Ohnmacht, weil das Gericht so köstlich war. Aber bitte, ich kann auch 30 Döner bestellen!"* *„Quatsch!"* rief Gerd, ein Versicherungskaufmann, *„der Imam ist sicher in Ohnmacht gefallen, weil er eine Fleischvergiftung hatte. Ich kenn Euch Türken doch mit Eurem Gammelfleisch!"* *„He, Schluss jetzt!"* rief Beate. *„Außerdem macht Cem seinen Imam immer ohne Hackfleisch. Stimmt's?"* Der nickte.

„Was ist mit der Musik?" wollte Klaus wissen, *"Jan und Nick haben eine neue Anlage, soll ich die mal fragen?"* *„OK, aber nicht so laut und bitte nicht wieder diese Technoscheiße!"* rief Vera. *„Lieber Beatles und Rolling Stones!".* *„Ich will Abba und BAP!"* forderte Roswitha. Klaus stellte sich die gequälten Gesichter seiner Söhne vor *„Wieder sone Oldies Night!"* würden die stöhnen.

„Noch was!,, meldete sich Beate, *„Die Jungs wollen ein Lagerfeuer."* *„Kommt gar nicht in Frage!"* rief Georg, der Jurist. *„Offenes Feuer ist in Berlin verboten! Und denkt doch mal an das viele CO2!"*

Die Sitzung war zu Ende. Das Fest konnte kommen.

Die Frauen hatten Lampions und Luftballons aufgehängt. Die Tische waren reich gedeckt mit den verschiedensten Salaten, es gab Wein, Bier, Cola und Wasser und natürlich Cems gefüllte

Auberginen. Es qualmten zwei Grills mit Steaks und Garnelen im Schein von Partyfackeln. Im Hintergrund ließen Jan und Nick die Bässe wummern.

Der Hof füllte sich langsam. Die Kinder des Hauses hatten sich ins Wäldchen zurückgezogen, schrieben sich gegenseitig SMSs und kokelten mit den Fackeln.

Später holten sie sich heimlich glühende Holzkohlen vom Grill und entzündeten ein kleines Lagerfeuer.

Als die Bässe verstummten, erschien Renè mit seiner Gitarre und setzte sich ans Feuer. Er war Musiker. Erst klimperte er so vor sich hin, dann summte er einen Refrain: *"Kumpanen dann, dann fällt euch ein: Ihr wolltet mal genau wie Horsti Schmandhoff sein."*

„He, das is doch Degenhardt!" rief Antje begeistert. Sie und ihr Mann Olaf waren die ältesten Hausbewohner. Sie kannten Degenhardt persönlich. Er hatte ihnen damals als Erste das Lied von Horsti Schmandhoff vorgesungen. *„Und als ich dem Franz sagte, das geht aber nicht, dass Horsti beim Fahren durch die Stadt im Jaguar den rechten Arm raushängt,"* erzählte Antje, *„da hat er gegrinst und gesagt: Kindchen, du weißt eben nicht, dass damals die Jaguars nur mit Rechtssteuerung gebaut wurden!"* *„Ja, ja, genau war er schon, der Franz!"* murmelte Olaf. *„Später, als er Kommunist wurde, wurde er oberflächlicher."* *„Ja, aber als Anwalt hat er die Genossen gut verteidigt"* warf Werner ein, von dem man munkelte, dass er mal bei der rozrom war, der Roten Zelle Romanistik.

René wechselte die Melodie und sang leise: *„Spaniens Himmel breitet seine Sterne über unsre Schützengräben aus…"* Fünf rotwein-geschwängerte Männerstimmen fielen ein und es dröhnte über den Hof: *„Wir kämpfen und siegen für dich, Freiheit!"*

„Ach ja, Spanien!" seufzte Beate. *„Klaus, erinnerst du dich noch an die Nacht am Strand bei Lloret an der Costa Brava?"*

„Du meinst, als wir den Jan gezeugt haben?" grinste Klaus. *„Psst! Muss doch nicht jeder wissen!"* Aber Jan hatte es gehört. Ihm fiel das Kondom ein und das Wäldchen. Das war nun eben seine Costa Brava, dachte er.

Zu vorgerückter Stunde erschien Erich. Er hatte schon als Student mit Hilfe eines väterlichen Bausparvertrages die Dachwohnung gekauft. Inzwischen arbeitete er als Analyst bei einer Bank und verdiente viel Geld. Damit hatte er die Wohnung über die Jahre zu einer Art Penthouse ausbauen lassen, mit eigenem Dachgarten. Dort pflegte er, so hieß es, gern wechselnden Blondinen die Schönheiten des Zehlendorfer Nachthimmels zu erläutern.

Auch heute hing an seinem Arm wieder eine Blondine, die vorsichtig über die Pflastersteine des Hofes stöckelte. Erich goss sich einen Rotwein in einen Pappbecher. *„Trinkt Ihr immer noch diesen billigen spanischen Rotwein? Schrecklich!"* Dabei stopfte er sich eine Boulette in den Mund und gleich noch eine gefüllte Aubergine dazu. *„Hättest Dich ja auch mal an den Vorbereitungen beteiligen können!"* schimpfte Klaus, und Beate fügte halblaut hinzu: *„Und lieber einen knackigen Salat mitbringen können als eine knackige Blondine!"* *„Ich war leider in den letzten Tagen beruflich sehr eingespannt"* erklärte Erich *„wo doch jetzt der Dax eingebrochen ist." „Interessant!"* rief Viola. eine Nachbarin, die zum ersten Mal auf dem Fest war. *„Sind Sie Förster?" „Nee, Analyst bei der Deutschen Bank!"* Roswitha trat hinzu. *„Erich, behandelst du eigentlich auch auf Krankenschein?" „Verdammt, wie oft muss ich euch noch erklären, dass ich Analyst bin und kein Analytiker* !!" *„Schade"* seufzte Roswitha. Sie erwog nämlich gerade eine Psychoanalyse.

In diesem Moment erschienen zwei Polizisten im Hof, ein älterer mit Bauch und ein jüngerer, durchtrainierter. *„Ich hab euch ja gewarnt, die kommen sicher wegen dem Feuer!"* flüsterte

Georg. Der jüngere Polizist führte das Wort: *„Guten Abend! Wir sind von Nachbarn angerufen worden, hier sollen Nazi-Lieder gesungen worden sein!"* „Das war sicher wieder der *verrückte Opa Schneider, der den ganzen Tag im Fenster hängt."* schimpfte Beate. *„Namen spielen hier keine Rolle"* erklärte der Polizist streng. *„Was wurde denn* gesungen?" *„Spaniens Himmel breitet seine Sterne über unsre Schützengräben aus."* *„Aha? Wohl Legion Condor, oder so?"* „Nee, nee „ meldete sich Micha, *„det is keen Nazilied. Det ham wa schon im Osten bei den Kampfgruppen zum 1. Mai jesungen!"* Micha war vor der Wende EDV-Spezialist bei der NVA gewesen. Jetzt arbeitete er für eine amerikanische Computerfirma.

Der ältere Polizist hatte die ganze Zeit geschwiegen. Plötzlich wandte er sich an Klaus: *„Bist du nicht der Klaus?"* „Ja, aber *woher kennen wir uns?"* „Mann, ich bin doch der Didi. Weißte *nicht mehr: Bund deutscher Pfadfinder, Stamm Wannsee, Sippe Büffel?"* „Echt? Das is jetzt über 30 Jahre her!"* Die Männer fielen sich in die Arme. *„Und dieses Lied ham wir doch auch immer gesungen, damals am Lagerfeuer.,,* „Und jetzt biste also *Bulle?"* „Ja, und was machst du?,, „Oberarzt am Behring-Krankenhaus".* „Is ja auch ok!"* „Und wir dachten, Ihr kommt *wegen dem Feuer,"* „Nö, das is erlaubt, solange die Nachbarn *nicht gestört werden."*

Didi kriegte noch eine Boulette, der jüngere nahm ein gegrilltes Hühnerbein. Zufrieden stiefelten sie von dannen.

Erich zog Klaus beiseite. Es ging mal wieder um seinen Vorschlag, das „Wäldchen" abzureißen und stattdessen eine Garage zu bauen.

„Euren zerbeulten Golfs und Toyotas macht es ja nichts aus, draußen zu stehen. Aber meinem offenen Mercedes-Cabriolet würde ein Dach gut tun!"

„Vergiss es!" rief Klaus und ging wieder zu den anderen.

Jan hatte das Gespräch mit angehört. Als er mit seiner Freundin Christina auf die Straße trat, um noch zu einem neuen Club in Mitte zu fahren, fragte sie: *„Wem gehört denn der dicke Mercedes hier?"* *„Na, dem blöden Erich, und der will uns die Costa Brava wegnehmen!"* *„Wie meinste denn das?"* Jan klärte sie auf.

„War doch wieder ein tolles Fest!,, sagte Beate später zu Vera, als sie die Gläser zusammenräumten. *„Ich freu mich schon wieder aufs nächste Jahr!"*
„Ja, ich auch! Und vielleicht schaffen wir es ja dann sogar, dass unsere Männer beim Aufräumen helfen!"

Geschrieben für den Tagesspiegel-Erzählwettbewerb 2008. Abgedruckt in:
„Der Ring wird geschlossen, der Abendwind weht." Festschrift für Helmut (helm) König , Hrsg. R. Eckert, J. Leonhard, J. Reulecke u. K. Wettig, vbb Berlin 2010, S. 501-505

Finnischer Weihnachtskaffee

Der Anruf kam am zweiten Weihnachtsfeiertag um 3 Uhr morgens. Meine Frau hatte Mühe, mich wach zu kriegen. *„Es ist Bob!* " Da war ich sofort wach. Bob war ein Amerikaner, der vor kurzem mit seiner Frau Helen und seiner dreijährigen Tochter Laura in unsere Straße in Lichterfelde gezogen war. Er war Pilot bei der PanAm. Wir hatten uns angefreundet. Helen erwartete um die Weihnachtszeit ihr zweites Kind und ich hatte angeboten, sie im Notfall in die Klinik zu fahren.

„Hi, Bob, kommen die Wehen?" „No, Tom. Alles ruhig, Aber ich brauch dich trotzdem, dringend!" Jetzt, mitten in der Nacht?"

Bei mir kam Ärger hoch. *„Als was brauchst du mich denn? Als Taxifahrer?" „No, ich brauch dich als Arzt, wegen Kersti!"* Kersti war ein finnisches au-pair-girl, das sie eingestellt hatten, damit sich jemand um Laura kümmern konnte, wenn das Baby da war.

„Ok, ich komme!" Ich zog mich an und war in wenigen Minuten bei ihnen.

Es bot sich mir ein eindrucksvolles Bild: Auf dem Sofa im Wohnzimmer lag, dramatisch hingestreckt, Kersti, etwa 18 Jahre alt, lange blonde Haare, mit wasserblauen Augen, die sie allerdings meist geschlossen hielt. Ab und zu schossen Tränen hervor, dazu krümmte sie sich immer wieder und stieß tiefe, herzzerreißende Seufzer aus, die gelegentlich in schrille Schreie übergingen. Bob und Helen standen in ihren Bademänteln und rangen die Hände. Und dann war da noch ein junger Mann in der Ecke, in dunklem Anzug, mit Schlips und korrektem Scheitel, der leicht zitterte und ebenfalls sehr besorgt schien.

Bob erläuterte die Szene: Sie hatten Kersti vor zwei Wochen aus Helsinki einfliegen lassen. Sie war freundlich und verstand sich gleich sehr gut mit Laura. Manchmal, besonders abends, wirkte sie allerdings traurig, vermutlich hatte sie Heimweh. Um sie über die Feiertage ein wenig aufzumuntern, hatten sie sich an den Pfarrer der kleinen amerikanischen Gemeinde gewandt, der sie angehörten. Der hatte angeboten, einen ordentlichen jungen Mann auszusuchen, der Kersti auf das Christmas Dinner der Gemeinde mit anschließendem Tanz mitnehmen könnte. Die Wahl fiel auf Martin, 20 Jahre alt, Angestellter bei einer amerikanischen Bank in Berlin. Er war dem Pfarrer als besonders interessiert aufgefallen in der Jungmänner-Gesprächsgruppe, die sich in diesem Winter mit der Frage befasst hatte: „Does a man need sex before marriage?"

Martin hatte Kersti mit dem Wagen abgeholt. *„Well, wie es dann weiter ging, weiß ich natürlich nicht"* knurrte Bob, *„das wird uns dieser junge Mann wohl erklären müssen!"* Martin, der die ganze Zeit zu Boden geschaut und nervös mit seinen Fingern gespielt hatte, hob den Kopf:

„Also, das Fest war eigentlich sehr schön. Auch Kersti hat es gut gefallen, sie ist richtig fröhlich geworden. Getrunken hat sie nur ein wenig Glühwein. Aber getanzt hat sie sehr viel. Gegen ein Uhr sind wir dann aufgebrochen. Plötzlich, im Auto, hat sie angefangen zu weinen, immer heftiger. Und gekrümmt hat sie sich, als wenn sie Schmerzen hätte. Geschrieen hat sie dann auch noch. Aber warum, hat sie mir nicht gesagt."

Er schaute verzweifelt in die Runde, dann auf mich. Irgendetwas stimmte da nicht, sagte mir mein Gefühl. *„Kann es Blinddarm sein?"* fragte Bob aufgeregt. *„Vielleicht...Was habt Ihr eigentlich gegessen?"* *„Also, jeder hat was mitgebracht, „pot luck" nennen wir das in Amerika. Das heißt auf Deutsch: Jeder bringt, was gerade da ist."* Aha. ...pot..luck...pot..luck...Ein Lied ging mir durch den Kopf : Wenn der pot aber mal kein luck hat, lieber Heinrich? Mit besorgter Stimme sagte ich: *„Es könnte ja auch eine Lebensmittelvergiftung sein!"* „Also, gebrochen hat sie nicht," warf Martin ein, ihre sonstigen Verdauungsfunktionen könne er verständlicherweise nicht beurteilen. Ihm selber ginge es aber gut.

Sicherheitshalber tastete ich mal in einer Seufzerpause den Bauch ab. Da war alles weich. Ich betrachtete sie lange und nachdenklich. Dann bat ich die drei, den Raum zu verlassen. Ich müsse Kersti jetzt noch genauer untersuchen. Als die Tür zu war, setzte ich mich neben sie auf einen Stuhl. Die Krämpfe hatten deutlich nachgelassen, die Seufzer waren weniger tief, die Schreie verebbten…

„So, *Kersti, nun erzähl mir mal, was wirklich passiert ist!"* Nach kurzer Zeit öffnete sie die Augen und begann zu erzählen, erst zögernd, dann immer zügiger.

„Also, eigentlich wollte ich ja gar nicht nach Berlin, aber meine Eltern haben mich gezwungen. Wegen Olli, meinem Freund. Meine Eltern konnten ihn nicht leiden. Sie dachten, ich würde in Deutschland auf andere Gedanken kommen. Aber ich muss jeden Abend, wenn ich allein in meinem Zimmer bin, an ihn denken und dann muss ich oft weinen."

Auch jetzt kamen ihr gleich wieder die Tränen. Ich reichte ihr ein Taschentuch.

„Die Weihnachtsfeier war aber ganz ok" gestand sie unter Tränen. *„Ich habe natürlich nicht nur Glühwein getrunken. Auch Sekt und Wein, später auch Bier. Aber keinen Whisky, Ehrenwort! Und getanzt hab ich viel. Erst mit Martin, aber der war mir zu lahm. Es waren aber noch andere boys da, die waren besser.*

Später, im Auto, hat sich dann Martin Sorgen gemacht, ich könnte vielleicht zu betrunken sein, wenn ich nach Hause komme. Wo er doch eigentlich auf mich aufpassen sollte." Sie grinste vor sich hin. *„Da hat er mir den Vorschlag gemacht, auf dem*

Weg nach Hause bei ihm noch eine Tasse Kaffee zu trinken.
Fand ich richtig nett von ihm. Oben sollte ich dann in einem
Sessel warten, während er in der Küche den Kaffee machte."
Als er zurückkam, saß Kersti nicht mehr im Sessel. Vorsichtig
schaute er sich um und entdeckte sie ...im Bett! Aus der Zahl
der im Zimmer verstreuten Kleidungsstücke schloss er, dass sie
unter der Bettdecke nicht mehr viel anhaben konnte. Ihm wurde
gleichzeitig heiß und kalt, er begann zu zittern und aus seiner
Kehle entrang sich ein *„Jesus* Christ...!" Das sonst um diese
Jahreszeit folgende *„...is born"*, das er in den letzten Tagen so
strahlend im Kirchenchor gesungen hatte, blieb allerdings aus.
Er holte stattdessen tief Luft und schrie wütend: *„Get dressed!*
Zieh dich an!" Dann ging er in die Küche, nicht etwa aus Dis-
kretion, sondern um die Kaffeemaschine wieder auszustellen.

Kersti fuhr fort:

"Also, *kapiert hab ich das nicht! Da war doch gar nichts da-*
bei!"
Gleich fiel ihr wieder Olli ein, und was der aus einer solchen
Gelegenheit gemacht hätte. *„Martin ist ein Idiot!"* Beim Anziehen habe sie dann angefangen zu weinen, im Auto steigerte sie
sich in richtige Weinkrämpfe.
„Irgendwann begann ich dann, laut zu schreien. Soll er sich
ruhig ein bisschen erschrecken, dachte ich." Sie putzte um-
ständlich ihre Nase. *„Ach übrigens"*, sie sah mich an, *„du ver-*
rätst mich aber nicht, ok?" Ich versprach es ihr.
Sie schloss die Augen und atmete jetzt ganz ruhig. Nach einiger
Zeit öffnete ich die Tür, vor der die drei aufgeregt gewartet
hatten:
„Also, Blinddarm ist es sicher nicht!" verkündete ich. *„Auch*
eine Lebensmittelvergiftung erscheint mir unwahrscheinlich. Es
handelt sich wohl eher um eine Kreislaufschwäche auf dem

Boden von Heimweh. Sie braucht jetzt viel Ruhe, am besten lasst Ihr sie jetzt mal schlafen!"

Ich verabschiedete mich und hastete nach Hause, um vielleicht noch zwei Stunden Schlaf zu erwischen, bevor mein Dienst in der Klinik begann.

Ich traf Bob erst wieder nach Silvester auf der Strasse. *„Oh, sorry,"* sagte er, *„ich kam noch gar nicht dazu, Euch anzurufen. Wir haben einen Sohn! Er ist gestern Abend geboren, wir sind mit dem Taxi in die Klinik gefahren. Es hat alles gut geklappt."* Ich gratulierte ihm. *„Und wie geht es Kersti?"* Er schaute etwas verlegen. *„Die haben wir wieder nach Helsinki geschickt. Ersatz ist schon auf dem Weg, diesmal sicherheitshalber aus Irland!"* War da nicht ein Grinsen in seinem Gesicht? Aber ich schwöre: Von mir hatte er nichts erfahren!

Geschrieben für den Tagesspiegel-Erzählwettbewerb 2007

Das klassenlose Postamt

Ein Märchen

In einem fernen Land - weit hinter den Sieben Bergen - gab es in alten Zeiten Postämter, die waren anders als alle Postämter, die wir kennen.

In jedem Postamt gab es dort drei Schalter: einen Schalter erster Klasse, einen Schalter zweiter Klasse und einen Schalter dritter Klasse. Das gemeine Volk benutzte den Schalter dritter Klasse. Wer es sich aber leisten konnte, ging zum Schalter zweiter Klasse, oder, wenn seine Mittel es ihm erlaubten, gar zum Schalter erster Klasse. Natürlich waren die Briefmarken am Schalter zweiter oder erster Klasse teurer, dafür wurden die Briefe aber auch schneller befördert und gingen viel seltener verloren. Vor allem aber wurde man vom Leiter des Postamts, dem Herrn Oberpostdirektor, persönlich bedient, oder, wenn er im Urlaub war, von seinem Stellvertreter, dem Herrn Oberpostrat.

Natürlich war es nicht leicht, diese komplizierte Postamtsordnung aufrecht zu erhalten. Es konnten daher auch nur besonders fähige Oberposträte zu Oberpostdirektoren ernannt werden. Sie durften nach Abzug einer geringen Gebühr die Einnahmen der Schalter erster und zweiter Klasse für sich behalten. Dazu kamen noch Einnahmen aus der Postzustellung, die ebenfalls nach Klassen getrennt war. Diese Einnahmen hießen „Privatliquidation" und waren *„ein unveräußerliches Recht freien Postbeamtentums"*, wie es immer wieder vom Nationalen Postbeamtenblatt, dem Organ der Postbeamtenkammer, betont wurde, *„für dessen Erhaltung wir Postbeamten immer kämpfen werden!"*

Aber lange Zeit dachte überhaupt niemand an Kampf. Alles ging seinen geordneten Gang. Zufrieden standen die Menschen am Schalter dritter Klasse Schlange, glücklich, an einem so modernen Postwesen teilhaben zu dürfen. Doch plötzlich geschah etwas ganz Unfassbares: Zunächst leise, dann immer lauter erhob sich im ganzen Lande der Ruf: Das klassenlose Postamt!

Zunächst amüsierten sich die Oberpostdirektoren köstlich, doch bald schon griffen die Politiker diesen Ruf auf, Studenten gingen auf die Straße und junge Postratsanwärter diskutierten heiß noch lange nach Dienstschluss: Das klassenlose Postamt! Gleiche Postzustellung für Jedermann! Nachtschalter! Mehr Briefmarkenautomaten! Nur noch klassenlose Briefkästen!

Die Presse griff das Thema auf, später auch das Fernsehen.

Höhepunkt war eine Fernsehsendung „Halbgott in Blau«. (1) Hier erfrechte sich doch ein junges Bürschlein von Postratsanwärter nicht nur vor der Öffentlichkeit zu behaupten, aus kommerziellen Gründen würden Privatbriefe häufig mehrfach zugestellt, sondern er ging sogar so weit, den Oberpostdirektoren vorzuwerfen, sie würden aus wissenschaftlichem Interesse Briefe öffnen. Das war zuviel. Der Vorgesetzte dieses jungen Mannes war derart erschüttert und nervlich am Ende, dass er das Postamt einen Tag schließen musste. Außerdem wurde der junge Mann fristlos entlassen.

Auf der 22. Nationalen Postwoche, einem bekannten Fortbildungskongress für Postbeamte, erklärte der berühmte Professor B., er halte es für Schaufensterdemokratie, wenn man meint, auf private Postkunden verzichten oder sie an Allgemeinschalter verweisen zu müssen. Er sprach sich gegen die Preisgabe des individuellen Milieus durch die Einführung des klassenlosen Postamtes aus. (2) Auch andere überzeugende Argumente wurden veröffentlicht. So schrieb im Nationalen Postbeamtenblatt Professor E. in seinem Aufsatz „*Fortschrittliche Ent-*

wicklung des Postwesens oder klassenloses Postamt ", gerade das längere gemeinsame Warten in einer langen Schlange führe die Postkunden zusammen und erwecke Aktivität (auch im Sinne einer gegenseitigen Hilfeleistung). Er fährt fort:

„Die Weckung von Aktivitäten gehört zu einer modernen psychologischen Kundenführung und muss folgerichtig im Interesse des Kunden auch auf das Postwesen gelenkt werden.. "(3)

Weiterhin weist er darauf hin, dass ja auch das Schulwesen in verschiedene Stufen gegliedert sei, ohne dass daran Anstoß genommen würde. Ein anderer Postbeamter zieht den Vergleich noch weiter, indem er auf die verschiedenen Beerdigungsmöglichkeiten hinweist, die den Verstorbenen je nach Finanzkraft eingeräumt werden. (4) Diesen Argumenten konnte sich nun auch die Regierung nicht mehr länger verschließen, und sie beschloss, fortan alle Versuche, ein klassenloses Postamt zu errichten, unter Strafe zu stellen. Und so blieb es bis auf den heutigen Tag.

Vergl. dazu:

1. Fernsehsendung „Halbgott in Weiß", ARD, 20.9.70
2. Prof. H.-E. Bock: Eröffnungsrede 22. Therapiewoche, Karlsruhe, nach „Der Tagesspiegel", 1.9.70.
3. Prof. Dr. F. Erbslöh: „Fortschrittliche Entwicklung des Krankenhauswesens oder ‚klassenloses Krankenhaus'", Deutsches Ärzteblatt 7.11. 70, S. 3353
4. H. Schulze-Nassau: „Das klassenlose Krankenhaus" aus ",DeutschesÄrzteblatt." 11.4.70, S.1158/59

med ass 12/70,

Nachbemerkung:

Diese Satire schrieb ich 1970 für meinen Jugendfreund, den späteren Verleger Dietmar Straube, der die Zeitschrift „med ass" herausgab. Ich sollte zu dem aktuellen Thema ‚Klassenloses Krankenhaus', das damals von einem rührigen Landrat im Hessischen vehement gefordert wurde, Stellung nehmen. Ein ganzes Wochenende lang versuchte ich einen Text zusammen zu bringen, aber die Klassentrennung im Krankenhaus erschien mir damals schon so absurd und überholt, dass mir als Ausweg nur möglich schien, die Situation satirisch auf eine urdemokratische, staatliche Institution wie die Deutsche Post zu übertragen. Eigentlich wollte ich den Text nicht in dieses Buch aufnehmen, aber als ich am 21. 12. 2010 im Schneetreiben auf einem wenig geräumten Bürgersteig der Potsdamer Straße in Zehlendorf in einer ca. 25 m langen Warteschlange mit meinem Weihnachtspaket stand, um es in der DHL-Filiale im Schalterraum der Deutschen Postbank abzugeben, fiel mir „das längere gemeinsame Warten in einer langen Schlange" des Professor Erbslöh ein, das positive Aktivitäten erwecken soll. Unser gutes altes Zehlendorfer Postamt war endgültig wegrationalisiert worden. Das Postwesen war nun auch privatisiert. Ich hätte mir natürlich, gegen Aufpreis, mein Paket von der DHL zu Hause abholen lassen können. Sozusagen Erster Klasse.

Nachrichten aus der Freien Universität Berlin

Max Heinrich Fischer
(1892 – 1971)

Den Professor Dr.med. Dr.med.vet. h.c. Max Heinrich Fischer lernte ich in meinem dritten Semester im Sommer 1960 kennen. Er vertrat das Fach Physiologie an der FU Berlin, das mich für die nächsten drei Semester bis zum Physikum begleiten sollte. Er war etwas wunderlich und stand kurz vor seiner Emeritierung. Meist trug er eine Baskenmütze auf dem fast kahlen Schädel, die er auch im Hörsaal nicht abzusetzen pflegte. Die Farbe war immer braun, wobei er aber häufig wechselte zwischen helleren und dunkleren Brauntönen. Kenner behaupteten, die Schattierung ließe auf seine jeweilige Laune schließen..

Es kursierten zahlreiche Anekdoten über ihn, vor allem über seinen unkonventionellen Prüfungsstil. Er fragte oft sehr spontan, was ihm gerade so einfiel. Zum Beispiel soll er an einem regnerischen Abend den Kandidaten mit folgender Frage aus der Fassung gebracht haben: *„Sagen Sie mal, da regnet's doch draußen. Was fällt Ihnen dazu ein?"* Längeres Schweigen auf Seiten des Kandidaten. Darauf Fischer:

„Na wenn's regnet, dann stehen Sie doch mit Ihrer Freundin unter einer Laterne. Mit einem Regenschirm. Und wenn Sie den gegen das Licht der Laterne halten, was sehen Sie da?" „???" *„Na, da sehen Sie doch die Newton'schen Ringe. Erklären Sie die mal!"*

Oder Fischer soll unter den Schreibtisch gekrochen sein mit der Frage. *„Was bin ich jetzt?"* Er wollte hören: eine elektromagnetische Spule.

Die Sage geht, der mutige Prüfling habe geantwortet: *„Wenn Sie auf der anderen Seite wieder rauskommen, sind Sie der Zitronensäure-Zyklus."*

In der Fakultät war Fischer ein geachteter Mann, zeitweilig sogar Dekan, und Herausgeber der Zeitschrift „Berliner Medizin". Als Sudetendeutscher, 1892 in Gablonz geboren, hatte er Studium und Assistentenzeit an der Deutschen Universität in Prag verbracht, wo er 1923 habilitiert wurde und 1928 zum Professor an der Landwirtschaftlichen Abteilung der Deutschen Technischen Hochschule Prag ernannt wurde.

Frohgemut und gut vorbereitet ging ich im Herbst 1961 in die Physikumsprüfung bei Herrn Professor Fischer.
Es wurde die Hölle!
Abweichend von der üblichen Regel bestellte er nicht nur vier Kandidaten, wie alle übrigen Professoren, sondern acht gleichzeitig in die Prüfung im großen Praktikumssaal in der Lentzeallee. Vier wählte er aus und schickte sie zunächst ins Praktikum, wo sie einen Versuch durchführen sollten. Die anderen vier prüfte er sofort, im gleichen Saal. Die mussten dann aber nicht mehr ins Praktikum. Ich wurde für einen Versuch eingeteilt.
Ich hätte gewarnt sein müssen: Fischers Baskenmütze hatte an dem Tag einen sehr dunklen Braunton. Und die Prüfung, die wir im Hintergrund mit anhören mussten, verlief sehr laut.
Vor mir lag ein gut präparierter toter Frosch, an dessen isoliertem Herz ich einen elektrophysiologischen Test vornehmen sollte. Das war nicht besonders schwer und gelang mir leicht.
Für das weitere Geschehen war aber nun entscheidend, dass ich, wie ich später von Kennern erfuhr, einen großen Fehler gemacht hatte, indem ich nicht alles, was außer dem isolierten Versuchsobjekt Herz auf dem Tisch lag und dem Professor ins Auge stechen konnte, weggeräumt hatte.
Auch wusste ich nicht, dass der Professor eine besondere Beziehung zu Fröschen hatte und zum Beispiel schon 31 Jahre vorher eine Arbeit publiziert hatte mit dem Titel: „Körperstel-

lung und Körperhaltung bei Fischen, Amphibien, Reptilien und Vögeln." [8]

Mein toter Frosch lag in korrekter Körperhaltung, aber herzlos, auf dem Tisch, als der Prüfer nahte.

„Sagen Sie mal, ist das ein männlicher oder ein weiblicher Frosch?" „Ein weiblicher, Herr Professor!" „Woran erkennen Sie das denn?" „Die männlichen Frösche haben Daumenschwielen, mit denen sie sich auf den weiblichen festhalten können." „Richtig! Woran erkennt man das noch?"

Jetzt nahm das Verhängnis seinen Lauf. Ich fing an, hilflos in dem toten Frosch herum zu stochern. *„Was suchen Sie denn da?" „Den Uterus".* Fischer hörte das, warf seine Mütze an die Decke und tanzte durch den Saal: *„Hat man so was schon mal gehört! Ein Frosch mit Uterus! Ein Frosch mit Uterus!".* In Sekundenbruchteilen war mir klar, dass ich einen Fehler gemacht hatte. Frösche haben nämlich keinen Uterus. Ich entschuldigte mich sofort, aber es half nichts mehr. Fischer hatte seinen Triumph und ließ mich für den Fehler schwer büßen. Erst scheuchte er mich durch sämtliche Praktikumsversuche. Da die Kollegen auch nicht ordentlicher waren als ich, lagen viele Gegenstände und Instrumente herum, die ich dem Professor alle erklären musste. Danach kam die eigentliche Physiologie-Prüfung. Zur Atmosphäre trug sicher bei, dass zu unserer Vierergruppe eine dunkelhaarige Schönheit gehörte, die offensichtlich den erotischen Geschmack des Prüfers getroffen hatte. Sie wurde auf der Prüfungsbank ganz links außen postiert, dann kamen die beiden anderen Kandidaten, und ganz rechts kam ich. Die Prüfung lief etwa eine halbe Stunde nach dem Muster ab, dass der Professor eine Frage stellte und auf das Mädchen zeigte*: „Die weiß das sowieso",* dann auf mich: *„Der weiß das*

---

[8] Handbuch d. normalen u. pathologischen Physiologie VII, 1930

sowieso nicht." und dann die Fragen mit den beiden mittleren Kandidaten erörterte.

Gerettet hat mich meine Wut. Ich überlegte ganz kühl, die Prüfung abzubrechen und den Professor zu verklagen. Ich denke, ich hätte vor jedem Gericht Recht bekommen, es sei denn, die drei Zeugen wären umgefallen. Aber dann war mir klar, dass eine Wiederholungsprüfung auch wieder von Fischer abgenommen werden würde, wenn auch vor amtlichen Zeugen. Aber in der Medizin kann man jeden hereinlegen, wenn man es darauf anlegt. Also musste ich da jetzt durch. Zum Schluss wurde ich dann auch noch in Physiologie geprüft und erhielt eine Gnaden-Drei.

Was mir bis heute sehr leid tut, war, dass Fischer noch am selben Tag nachmittags eine Kandidatin aufforderte, ihm mal den Uterus eines Frosches zu zeigen, und als sie Anstalten machte, danach zu suchen, hatte sie keine Chancen mehr und ist letztlich durch die Prüfung gefallen.

Soweit mein Prüfungstrauma, das bei mir lange noch für nächtliche Albträume sorgte. Ich habe mich später dann aufgrund dieser Erfahrung vehement für die Einführung von multiple-choice-Prüfungen in der Medizin eingesetzt, bis ich lernen musste, dass auch die nicht der Weisheit letzter Schluss waren. Aber die Geschichte ist noch nicht zu Ende.

Fast fünfzig Jahre später lese ich in einer 2002 erschienenen Biographie der Neuropathologen Cecile und Oskar Vogt („Cecile and Oskar Vogt: The Visionaries of Modern Neuroscience") von dem bedeutenden amerikanischen Neuropathologen Igor Klatzo (1916-2007) folgendes Urteil über Max Heinrich Fischer: „...*a megalomanic psychopath,...a satanic archscoundrel..*"(... *ein größenwahnsinniger Psychopath, ein teuflischer Erz-Schurke*, letzteres wird vom Google-Übersetzungscomputer amüsanterweise mit Bogen-Schurke übersetzt).

Aber Klatzo war doch gar nicht bei meinem Physikum dabei gewesen!! Wie konnte er Fischer so gut einschätzen? War ich vielleicht nicht das einzige Opfer?

Der berühmte Neuropathologe Oskar Vogt hatte Fischer 1930 in sein Kaiser-Wilhelm-Institut für Hirnforschung in Berlin-Buch als Leiter einer Abteilung für Neurophysiologie geholt. Fischer, der schon als Sudetendeutscher in nationalistischen deutschen Kreisen verkehrte, sah in Hitlers Machtergreifung seine große Chance. Pünktlich zum 1.3. 1933 trat er in die SA ein und beschloss als nächstes, mit Hilfe der Bucher SA Vogt zu entmachten, um sein Nachfolger zu werden. Er denunzierte Vogt als Kommunisten- und Judenfreund bei dem Bucher SA-Führer Saalfeld und teilte ihm zusätzlich mit, der ungarische Kommunist Bela Kun sei im Institut versteckt. Daraufhin kam es in der Nacht vom 15. zum 16. März 1933 zu einer Razzia der SA im Institut, bei der nicht nur Vogt vorübergehend festgenommen wurde, sondern auch internationale Gäste, wie der amerikanische Genetiker und spätere Nobelpreisträger H.J. Muller. Von Bela Kun aber fand sich keine Spur, er war gar nicht im Institut gewesen. Für die Nazis war die ganze Aktion äußerst peinlich und Fischer fiel in Ungnade. Nicht nur musste er auf Vogts Drängen das Institut verlassen, auch sein Antrag auf Aufnahme in die NSDAP wurde 1934 wegen seines „unlauteren Charakters" abgelehnt.

Der Lübecker Medizinhistoriker Cornelius Borck vermutet, dass ihm die fehlende Parteimitgliedschaft nach dem Krieg geholfen hat, rasch entnazifiziert zu werden. Das wiederum ermöglichte ihm, von 1947 bis 1949 kommissarischer Direktor des Physiologischen Instituts der Humboldt-Universität zu werden, bevor er 1949 zum Ordinarius an der Freien Universität ernannt wurde. Dort verbreitete er, wie mir ein ehemaliger Assistent berichtete, er sei ein Opfer der Nazis geworden, die verhindert hätten, dass er Professor bleiben konnte.

Mir scheint, irgendwie hat wohl der Mantel der Geschichte, oder wenigstens ein brauner Zipfel, durch mein Physikum geweht.

Helmut Selbach
(1909 – 1987)

Ein Professor ist jemand, der „öffentlich bekennt" und „vorträgt". So gesehen war Helmut Selbach, Ordinarius für Psychiatrie an der FU Berlin, endlich mal ein richtiger Professor, der öffentlich sagte, was er dachte, ohne falsche Rücksicht auf den Zeitgeist.

Selbach liebte das Soldatische, Straffe. Wenn ein männlicher Patient im Hörsaal vorgestellt wurde, fragte er als erstes, ob er gedient hatte. Wenn ja, war er ein Kerl, und es folgten ausführliche Erörterungen von Truppenteil, Rang und Frontbewegungen im Zweiten Weltkrieg. Wenn nein, so war er wohl ein Schlappschwanz. Einem Assistenten, heute Professor der Neurologie, der an seiner Klinik seinen 30. Geburtstag feierte, hat er mal gratuliert und dann jovial gefragt: „Wissen Sie, was ich an meinem 30. Geburtstag gemacht habe? Da hab ich auf'm Pferd gesessen und Polen gejagt!" Wer, wie der Münsteraner selbsternannte „Sozialanwalt" Dipl. Volkswirt Dr. rer. pol. Günter Weigand, den Selbach als Gutachter auf seinen Geisteszustand untersuchen sollte, sich erlaubt hatte, gegen das Münsteraner Justiz-Establishment anzugehen, der war laut Selbach ein „gemeingefährlicher expansiver Querulant", der in eine Anstalt eingesperrt gehörte, was dann auch vorübergehend geschah. Wie wirr es im Kopfe Weigands zuging, könne man laut Selbach schon an seiner Bettlektüre während des Aufenthaltes in der Berliner Psychiatrie sehen. Das Buch trug den Titel: „Windarzt und Apfelsinenpfarrer", der Autor war der renommierte Medizinjournalist und Schriftsteller Dr. Friedrich Deich. Selbachs literarische Bildung wies auch noch andere Lücken auf. Als ihm ein Spiegel-Reporter erzählte, dass sogar

Heinrich Böll Geld zur Verteidigung Weigands gespendet hatte, soll er geantwortet haben: *„Heinrich Böll? Ist das der mit der Grastrommel?"*

Der Fall Weigand endete übrigens für Selbach erst 15 Jahre später, als er zu 13 000 D-Mark Entschädigung an Weigand verurteilt wurde, wegen seines fehlerhaften Gutachtens.

Doch kehren wir zurück in den Hörsaal im Sommersemester 1964

Auf die Frage nach seinem Beruf antwortete ein Patient, er sei Drucker.

„Wo arbeiten Sie denn?" „In der Bundesdruckerei, Herr Professor." „Sie meinen sicher die Reichsdruckerei." „Nein, Herr Professor, die heißt jetzt Bundesdruckerei." Mit einer theatralischen Geste drehte sich Selbach zum Auditorium. *„Meine Damen und Herren! Auch wenn man uns dafür ins Gefängnis sperrt, das Reich lassen wir uns nicht nehmen!"*

Ein andermal wird eine junge Frau vorgestellt. Nachdem sie wieder weggeführt worden war, liest Selbach, was damals wohl üblich war in der Psychiatrie, aus einem privaten Brief der Frau an ihre Eltern vor. Der Brief endete: „Mit freundlichen Grüßen, Eure Tochter"

„Fällt Ihnen da nichts auf?" fragt uns der Professor. Schweigen im Publikum. *„Na, finden Sie das etwa normal, dass eine Tochter an ihre Eltern schreibt: „Mit freundlichen Grüßen"? Obwohl – heute ist es ja sogar schon üblich geworden, dass Studenten an ihren Professor schreiben: Mit freundlichen Grüßen."*

Mein Nachbar und Freund aus jugendbewegten Tagen, Walter Zinser, zuckte zusammen und flüsterte. *„Au weia, das war wohl ich!"*

Selbach hielt sich, wie manche Professoren, nicht immer an die Vorgaben des Studienplans. Statt wie vorgesehen, zweimal in der Woche zu lesen, tat er es dreimal. Damit kamen einige

Studenten, vor allem, wenn sie ein paar Semester auswärts studiert hatten, in Schwierigkeiten, weil sich die Vorlesung mit anderen Pflichtveranstaltungen überschnitt. Um nicht ein ganzes Semester zu verlieren, musste man Selbach um die Befreiung für diese eine Wochenstunde bitten. Das hatte mein Freund getan…"*mit freundlichen Grüßen*". Ich musste diesen Brief auch noch schreiben. Trieb mich nun Trotz, Ironie oder nur angepasste Feigheit: Ich schrieb daraufhin *„Hochachtungsvoll, Ihr sehr ergebener."*

Selbach ließ es sich nicht nehmen, mir wie folgt zu antworten:

„Sehr geehrter Herr Kollege Lennert!
Ausnahmsweise bin ich auf Ihr höfliches Schreiben vom 9. Juni 1964 bereit, Ihnen den Semester-Schein für mein Fach Psychiatrie und Neurologie am Ende des Sommer-Semesters auszuhändigen, sofern Sie in den Donnerstag- und Freitagstunden regelmäßig teilnehmen. In künftigen Semestern wird diese Ausnahme-Regelung nicht mehr möglich sein.
Mit den besten Wünschen!
H. Selbach
Direktor der Klinik"

Da hatte ich ja noch mal Glück gehabt. Dass diese Mediziner-Generation offensichtlich Ego-Probleme hatte, erlebte ich dann im folgenden Semester, als ich außerhalb des Pflichtstunden-plans noch eine Vorlesung über „Forensische Kinderpsychiatrie" bei Frau Professor Elisabeth Nau besuchte, die wie Selbach im Jahre 1940 habilitiert hatte. Als ich nach der Vorlesung an ihr Pult trat mit dem Satz: *„Entschuldigen Sie, ich hätte da noch eine Frage."*, bekam ich die empörte Antwort: *„Das heißt: entschuldigen Sie, Frau Professor!"*

Ich war mit dieser Reaktion derart überfordert, dass ich die Frau Professor wortlos stehen ließ und ging. Leider endete damit auch mein Interesse an der forensischen Psychiatrie.

Für uns, die wir die Demokratie zwar noch nicht mit der Muttermilch, aber doch spätestens mit der Einschulung gelernt hatten, war es schwierig, mit solchen autoritären Verhaltensweisen umzugehen.

Das Fatale bei Selbach war dabei noch zusätzlich, dass er dem Nationalsozialismus ziemlich nahe gestanden hatte. Nicht nur war er SA- und NSDAP-Mitglied, er war auch Schüler von Maximinian de Crinis, Hugo Spatz und Werner Villinger gewesen, die alle drei aktiv in die Nazi-„Euthanasie" verstrickt waren. Wenn man dann noch bei dem Medizinhistoriker Cornelius Borck liest, dass Selbach nach dem Krieg durchblicken ließ, er habe einmal de Crinis gefragt, ob er nicht Arzt in einem KZ werden könnte, angeblich ohne dass er damals genau wusste, was ein KZ war, und in den Erinnerungen des Kinderpsychiaters Gerhardt Nissen ein angebliches Selbach-Zitat erwähnt wird: „In der gleichen Situation würde ich heute wieder in die NSDAP eintreten", dann fällt es schwer, an seine Unschuld zu glauben. Es wird ihm auch nicht entgangen sein, dass sein Lehrer Max de Crinis sich am Ende des Krieges umgebracht hat. Ob er das tat, weil ihm das Verbrecherische seiner ärztlichen Handlungen doch noch klar geworden war, oder ob er nur, analog zu Selbach, sich das nationalsozialistische Deutsche Reich nicht nehmen lassen wollte, oder ob er schlicht Angst vor der Rache der Russen hatte, das werden wir Außenstehenden nie erfahren. Selbach wird es vermutlich gewusst haben. Nur war er leider nur Professor, nicht Confessor, einer, der die Beichte ablegt über seine Missetaten.

Nach diesen ernsten Gedanken folgt nun noch ein Satyrspiel, das mir allerdings beinahe noch meine berufliche Karriere verdorben hätte.

1969 trat die Berliner Hochschulreform in Kraft, die aus der Ordinarienuniversität eine Gruppenuniversität machte. Danach wurden für alle Institute und Kliniken Ausbildungskommissionen gebildet, an denen auch Studenten und Assistenten zu beteiligen waren. Eine der ersten Maßnahmen der Ausbildungskommission der Psychiatrie war es, die Hauptvorlesung Psychiatrie nicht mehr nur, wie bisher, allein vom Ordinarius lesen zu lassen, sondern sie entsprechend den gewachsenen Spezialgebieten, auf mehrere Schultern zu verteilen.

Selbach, der sich später gern feiern ließ als jemand, der ein Abteilungssystem für seine Klinik inauguriert habe, sah zunächst rot.

Am 27.6. 1970 stellte er eine Anzeige ins „Deutsche Ärzteblatt":

Ordinarius
für Psychiatrie und Neurologie

mit 30jähriger intensiver Lehrpraxis und nach 20jähriger Entwicklung einer Forschungsklinik (8 Habilitierte) sucht wegen Einschränkung seiner Lehrtätigkeit usw. neuen Wirkungskreis.

Anschrift erbeten an

Professor Dr. med. Helmut Selbach
1 Berlin 19
Ulmenallee 32, Telefon 3 04 07 31

Das war nun allerdings eine Ohrfeige in Richtung auf die Hochschulreform, die auch von den meisten Assistenten positiv mitgetragen worden war. Der „Spiegel" fand die Anzeige so skurril, dass er sie im „Hohlspiegel" abdruckte.

Ich aber war empört und formulierte eine Glosse für die Zeitschrift „med ass" meines Freundes Dietmar Straube:

u. s. w.

Ein deutscher Ordinarius sucht einen neuen Wirkungskreis. Jahrelang hat er uns gelehrt, was Recht ist und was Ordnung. Er hat uns beigebracht, wer ein Kerl ist und wer ein Schlappschwanz. Durch ihn haben wir erfahren, dass Günter Weigand ein Querulant ist. Und dass das Deutsche Reich nicht untergehen wird.   Und nun soll das alles vorbei sein? Wegen Einschränkung seiner Lehrtätigkeit usw? Was mag sich hinter diesen drei geheimnisvollen Buchstaben verbergen? Ist er geschlagen worden von aufmüpfigen Assistenten? Hat seine Frau anonyme Drohbriefe erhalten? Streicht gar der Pförtner schon die Privathonorare ein? Wir wissen es nicht.   Wir lesen nur, dass da einer ist, der ihm das heiligste Recht eines deutschen Ordinarius streitig macht, so zu lehren, wie er seit dreißig Jahren lehrt. Ist das nicht genug? Muss da nicht ein gewaltiger Aufschrei durchs deutsche Vaterland gehen? Muss man da denn nicht kräftig all den bösen roten Buben auf die Finger klopfen, die allerorten an neuen Hochschulgesetzen basteln? Mit Einschränkung der Lehrtätigkeit usw.   Es ist fünf Minuten vor zwölf! Drum Burschen heraus! Nehmt den deutschen Ordinarius auf die Schultern und lasst ihn lehren, wie er will. Sonst wirkt er bald woanders. Oder gar nicht mehr.

Thomas Lennert, med ass 8/70

Zu dieser Zeit lief meine Bewerbung auf eine Assistentenstelle an der Universitätskinderklinik. Auf einmal war eine mir schon fest zugesagte Stelle anderweitig besetzt und die kommissarische Leiterin der Klinik, Frau Professor Leonore Ballowitz, ließ im Kreise ihrer Mitarbeiter durchblicken, ich sei ein Revoluzzer, der nicht an die Klinik gehöre. Erst der Einspruch einiger mir wohlgesinnter Ärzte an der Klinik, die die Glosse als eher harmlos einstuften, führte dazu, dass ich nach längeren Verhandlungen doch noch eine Stelle bekam.

Ich hatte vermutet, dass Ballowitz, die noch vor Kriegsende an der Charité studiert hatte und von daher wohl Selbach kannte, aus Solidarität mit ihm die Glosse als ungehörig empfunden hatte. Erst viele Jahre später, wir waren längst gut befreundet, gestand sie mir, dass sie Selbach auch nicht leiden konnte, nachdem er ihr bei einem Antrittsbesuch anlässlich ihrer Habilitation (übrigens als erste Frau an der medizinischen Fakultät der FU) zu verstehen gab, sie sei doch verheiratet und gehöre in die Küche, aber nicht in die Wissenschaft.

Wenn sie auch noch keine Feministin war, höchstens eine Frauenrechtlerin, das hat sie Selbach nie verziehen.

Was den Revoluzzer betraf, so hat der damalige Assistent Hartmut Siemes, später Professor der Kinderneurologie und Chefarzt, damals enttäuscht gestöhnt: *„Da haben wir auf einen richtigen Revolutionär gehofft. Aber wer ist gekommen? Der Lennert!"*

Werner Krause

Mein erster klinischer Lehrer, und vielleicht mein wichtigster, war Werner Krause, Stationsarzt der Station 8d der Inneren Klinik im Westend-Krankenhaus. Von ihm habe ich gelernt, was Verlässlichkeit in der Medizin bedeutet, welche Prioritäten es bei der Akutbehandlung gibt und dass die Verantwortung für die Patienten nicht mit dem Dienstschluss endet. Auch lernte ich von ihm den Umgang mit einfachen Menschen, deren Leiden nicht weniger wichtig waren als die von Professoren. Krause war ein intelligenter Mensch, der sich gerne hinter der Maske seiner Urberliner Schnoddrigkeit verbarg. Sein Vater war ein wohlhabender Fabrikant in Westberlin. *„Sagen Sie nüscht gegen Encephabol !* (ein damals verbreitetes Mittel, das angeblich die Hirndurchblutung verbessert) *Damit hab ick vier Wochen lang meinen Vater jefüttert, dann hat er mir ein Haus geschenkt.“* Dass das Haus an der „Seeuferstraße„ lag, war reiner Zufall. Bei uns aber hieß sie nur die „Säuferstraße“ Die Eltern hatten sich getrennt, die Mutter gehörte zum katholischen Establishment um den Bischof Bengsch in Ostberlin. Der Bau der Mauer vertiefte den Riss in der Familie. Die hinter aller vordergründigen Lustigkeit durchschimmernde Melancholie im Wesen Werner Krauses dürfte hier eine ihrer Ursachen gehabt haben. Und sie hat sicher zu seinem frühen Tod beigetragen, denn Werner Krause war Alkoholiker, der mit 37 Jahren an einer Lebercirrhose verstarb und vier Kinder und eine Frau, eine griechische Ärztin, zurückließ.

Er hatte eine Doktorarbeit in der Pharmakologie verfasst, was ihm ein Stipendium der Studienstiftung einbrachte. Seine wissenschaftliche Produktivität ließ dann aber bald nach, er hat kaum weitere Arbeiten publiziert. *„Wissense, Lennert“*

pflegte er zu sagen, *„wenn Sie schon Krause heißen. Ehe die Leute kapieren, welcher Krause Sie sind, sind Sie doch schon pensioniert!"* Dafür war er ein perfekter Intensiv-Mediziner und zupackender Praktiker. Der Oberarzt Peter Körtge, mein Doktorvater, war von ganz anderem Naturell. Aus einfachen Verhältnissen stammend, hatte er sich, nach der Rückkehr aus der Kriegsgefangenschaft, durch immensen Fleiß emporgearbeitet und es schließlich zum Professor gebracht. Eine gewisse kleinbürgerliche Pedanterie hing ihm an, was den großbürgerlichen Krause immer wieder zu Spott veranlasste. So erzählte er jedem grinsend, dass Körtge bei seinen vielen Bewerbungen es nie vergaß, darauf hinzuweisen, dass er einmal das Drogistengehilfenexamen mit „sehr gut" bestanden hatte.

Ein Ausdruck der Körtgeschen Pedanterie war die Tatsache, dass er an drei Stellen des Hauses, in seinem Labor, in seinem Sekretariat und auf der Station, Terminkalender führte, die von Krause regelmäßig studiert wurden. Einmal fand Krause die Eintragung *„Presseball".* Das war damals ein begehrtes gesellschaftliches Ereignis, an dessen Karten nur schwer zu kommen war. Um die ganze Bedeutung dieser Geschichte zu verstehen, muss man etwas über Opa K. wissen. Das war ein altgedienter Berliner SPD-Mann, dessen Herz ihm allmählich den Dienst versagte. So kam er regelmäßig ins Westend-Krankenhaus. Und da, wo sich Opa K. niederließ, öffnete sich einige Zeit später ein Füllhorn an Forschungsgeldern aus dem Berliner Zahlenlotto, denn Opa K. war, wie viele verdiente Genossen, im Verwaltungsrat der Lottogesellschaft.

Manchmal genügte auch ein kurzer ambulanter Besuch des alten Herrn, der, dem Alten Fritz nicht unähnlich, mit seinem Krückstock durch die Gänge schlurfte. Wo er halt machte, da durfte man ihm dann mal den Blutdruck messen, eine Ehre, die auch mir einmal zu Teil wurde. Körtge bemühte sich sehr um ihn, da er immer zu wenig Forschungsgelder hatte. Aber wenn es Opa K. nächtens mal zu Hause schlecht ging, schickte Körtge gern Krause mit einem tragbaren EKG-Gerät in die Wohnung. Einmal, so erzählte Krause, kam er an, da war Opa K. tot.

„Da musste ick erstmal los zum Polizeirevier, nen Totenschein besorgen. Oder ham Sie immer nen Totenschein bei sich, Lennert? Als ick wieder kam, saß Opa K. im Bett und drohte mit dem Finger: „So schnell kriegt Ihr mich nicht los!"

Ein weiterer Vorzug von Opa K. war, dass er einen Sohn beim SFB hatte und damit Zugang zu Presseballkarten. So war es als sicher anzunehmen, dass Opa K. seine Hand im Spiel hatte, als Körtge sich Hoffnungen auf den Presseball machte. Krause ärgerte das und er ergänzte in Körtges Kalender: *„Mit Krause zum Presseball!"*

Ich war Zeuge des nachfolgenden Dialogs:

Wie kommen Sie dazu, in meinen Kalender zu schreiben, Krause?"

„Och, wissense, Herr Oberarzt, ick dachte mir, wo ick doch so oft nächtens bei Opa K. war, wäre es nur recht und billig, wenn Sie mir auch Karten für den Presseball besorgen Könnten."

„Wie stellen Sie sich das vor? Sie sind ja noch nicht mal Professor."

Darauf Krause, empört: *„Is jut, Herr Professor, denn werd ick aber im ganzen Westend erzählen, dass Sie auch nur Karten als Bühnenarbeiter bekommen haben."*

Wortlos, mit hochrotem Kopf, verließ Körtge den Raum.

Er war auch sonst verbal seinem Stationsarzt nicht gewachsen. Krause war sehr beliebt bei seinen Patienten und sie tolerierten sein Laster bzw. schenkten ihm sogar noch Alkoholika. Einmal wunderte sich der Oberarzt: *„Sagen Sie mal, Krause, wieso kriegen Sie eigentlich immer soviel Schnaps von den Patienten und ich nicht?"*

„Och, das is so: Wenn ne Frau immer nach demselben Parfum riecht, dann schenken Sie es ihr ja auch mal irgendwann."

Krauses Alkoholismus war sehr sozial, nie habe ich ihn aus der Rolle fallen sehen. Einmal, nach einer Party, von der ich ihn im nahezu volltrunkenen Zustand nach Hause kutschierte, wachte er an einer Ampel plötzlich aus seinem Koma auf und gab mir präzise Anweisungen für die morgige Visite, die ich ohne ihn durchzustehen hatte.

Ein andermal kam er morgens mal wieder mit leichter Alkohol-fahne in den Dienst. Er entschuldigte sich und erklärte, sie hätten am Vorabend halt etwas gefeiert. *„Aber dann, auf der Treppe ins Krankenhaus, wen treff ick da als ersten? Unsern Chef, den Freiherrn von Kreß. Mann, Lennert, ham Sie schon mal im Inspirium ‚Guten Morgen' gesagt?"*

Krause liebte die Macho-Rolle (*„Ick liebe det Mediterrane, da wissen die Frauen noch, wo sie hingehören!"*), war aber im Grunde seines Herzens ein liebenswürdiger Mensch und wohl auch ein herzensguter Ehemann und Vater. Seine Frau hatte er während einer Famulatur in Athen kennen gelernt und sich gleich in sie verliebt. Sein Freund und Kollege Hans-Walter Liebenschütz erzählte mir mal, wie er mit Krause, noch vor dem Mauerbau, in Ostberlin war. Krause hatte herausgefunden, wie er von Ostberlin aus mit Ostmark nach Athen telefonieren konnte, wovon er zunehmend Gebrauch machte. Einmal kam *er vom* Telefon und murmelte*: „Ick gloobe, ick hab mir gerade valobt."* Seine Frau war eine sehr sympathische, sanfte Person, die es sicher in Berlin nicht immer leicht hatte. Nach seinem Tod soll sie nach kurzer ärztlicher Tätigkeit in Berlin mit den Kindern wieder nach Griechenland zurückgegangen sein.

Es gab eine Episode im Westend-Krankenhaus, die Krauses Ruf als Beschützer der Frauen und Kavalier begründete. Jedes Jahr feierten die Kardiologen in den Katakomben des Krankenhau-ses ihren Fasching. Der Chef der Kardiologie, Professor Günter

Neuhaus, ließ es sich nicht nehmen, daran teilzunehmen und ließ sich gerne von attraktiven jungen Ärztinnen begleiten. Auch er, der noch Leutnant in der Wehrmacht gewesen war, pflegte sein Image als Macho, obwohl es hieß, in Wahrheit sei er ein ganz braver Ehemann. Einmal bedrängte er auf dem Fasching zu vorgerückter Stunde und unter erheblichem Alkoholeinfluss die beliebte Herz-Katheter-Schwester. Wie Augenzeugen berichteten, soll Krause eingegriffen haben, in dem er Neuhaus am Hosenbund packte und ihm ein Glas Sekt in die Hose goss. Während alles erstarrte, bewahrte Neuhaus die Fassung, und erklärte Krause, der ihm irgendwie imponierte: *„Als Untergebener haben Sie sich völlig daneben benommen, als Mann weiß ich Ihre Handlungsweise zu würdigen."*

Krauses Katholizismus ging nicht sehr weit. Da er einer der wenigen Katholiken in der Abteilung war, kümmerte sich die Stationsschwester der Nachbarstation, die auch katholisch war, besonders um ihn. Damals hielt sich noch eine Weile im Katalog der im Krankenhaus anerkannten Therapien die Verordnung von „Rotwein mit Ei" zur Stärkung geschwächter Individuen. Da der Glaube an den Sinn dieser Maßnahme im Schwinden war, lange, bevor die Verordnung aus den Listen gestrichen wurde, hat   wohl so manche Portion „Rotwein mit Ei" den Weg über die fürsorgliche Stationsschwester in Krauses Magen gefunden. Dafür hat Krause der Schwester dann auch ein Foto des Papstes „mit Krause" geschenkt. Es hatte sich nämlich die Chance ergeben, dass Krause seine Mutter einmal wieder sehen konnte, als Bischof Bengsch mit einigen Begleitern nach Rom fahren durfte. Sofort ließ sich Krause Urlaub geben und fuhr auch nach Rom. *„Bei der Papst-Audienz hab ick dann schon darauf geachtet, aufs Foto dicht neben den Papst zu kommen. Wer weiß, vielleicht hilft mir das ja mal, ne Stelle in nem katholischen Krankenhaus zu bekommen".*

So geschah es dann auch. Krause wurde Oberarzt am St. Hilde-
gard-Krankenhaus in Charlottenburg, wo er noch einige Jahre
bis zu seinem Tode tätig war.

Margarete Röseler

Margarete Röseler, besser bekannt als „Oma Röseler", war eine feste Institution für Westberliner Medizinstudenten der 60er Jahre. Als ehemalige Röntgen-Assistentin, vermutlich an der Charité, war sie seit Jahrzehnten mit der Medizin und wohl auch mit der Fakultät vertraut. Sie lebte in einer bescheidenen Mietwohnung in Charlottenburg. Seit einigen Jahren hatte sie, um ihre Rente aufzubessern, ein System entwickelt, das inzwischen Hunderte von Medizinstudenten sicher durch die Klippen des Staatsexamens gelotst hatte. Sie verlieh Skripten, in denen ehemalige Prüfungskandidaten ihre Erfahrungen mit einzelnen Prüfern niedergelegt hatten. Diese Skripten waren von ihr handschriftlich fünfmal kopiert worden und wurden jeweils an Prüfungsgruppen für 14 Tage verliehen, gegen eine Gebühr von 15,00 DM pro Skript.

Der Inhalt war sehr vielseitig: Er enthielt nicht nur Prüfungsfragen, sondern auch Beschreibungen von den Marotten der Prüfer bis hin zur zentimetergenauen Angabe über die vom Prüfer bevorzugte Rocklänge bei weiblichen Kandidaten. Man erfuhr zum Beispiel, dass der Ordinarius für Augenheilkunde gerne auf einem Drehstuhl saß, auf dem er, nachdem er eine Frage gestellt hatte. heftig rotierte, um dann nach dem Prinzip des Flaschendrehens auf Kindergeburtstagen plötzlich zu stoppen. Auf wen dann seine Hand zeigte, der musste die Frage beantworten. Auch erfuhr man, dass einige Chirurgen vor der Prüfung einen Kognak reichten, um die Aufregung zu dämpfen. Und welche Prüfer regelmäßig zu spät kamen, natürlich nur, weil sie gerade Leben retten mussten. Nach beendeter Prüfung war man verpflichtet, die eigenen aktuellen Erfahrungen in das

Heft einzutragen, sodass sie immer auf dem aktuellen Stand waren. Auf keinen Fall durfte man die Hefte an die Prüfer weitergeben. Einmal hat uns ein Gynäkologe, Professor Peter Michael Carsten, solange bekniet, bis wir ihm das Heft, aber wirklich nur für einen Tag, überließen. Über das, was er da zu seiner Person las, war er so empört, dass wir große Mühe hatten, das Heft wieder zurückzubekommen.

Wie hilfreich die Hefte sein konnten, erlebte ich in der Gerichtsmedizin.

Meine Kommilitonen hatten mir das Heft erst einen Tag vor der Prüfung gegeben, sodass ich noch bis in den Vorabend darin lesen musste. Die Vorlesung in Gerichtsmedizin wurde von Walter Krauland (1912-1988) gehalten. Ich hatte sie nur selten besucht, da er sich darauf beschränkte, mit großer Begeisterung all die trickreichen und blutrünstigen Methoden zu erläutern und zu illustrieren, mit denen Menschen ihre Mitmenschen umbrachten. Eine soziale Komponente fehlte mir dabei völlig. Für unsere Prüfung war der Vorlesungsbesuch aber auch nicht wichtig. Wegen der großen Zahl an Staatsexamenskandidaten, die in insgesamt 18 Fächern geprüft wurden, kam es immer wieder vor, dass das Prüfungsamt uns Prüfer zuteilte, die wir noch nie vorher gesehen, geschweige denn gehört hatten. So auch in der Gerichtsmedizin. Wir landeten bei Heinz Spengler (1917-2004), dem Direktor des Landesinstituts für Gerichtliche und Soziale Medizin, einem freundlichen Herren, der mich nach der Bedeutung und dem Inhalt des Bundes-Opium-Gesetzes fragte. Bis zum Vortag hätte ich das nicht vom Betäubungsmittelgesetz unterscheiden, können, das den ärztlichen Umgang mit verschreibungspflichtigen Betäubungsmitteln regelt. Dank Oma Röseler wusste ich aber inzwischen, dass das Bundesopiumgesetz Einfuhr, Vertrieb, Transport und Ausfuhr von Opiaten regelt, und konnte sogar die einzelnen Paragraphen erläutern. Die Prüfung war gerettet.

Für den Umgang mit Oma Röseler galten strenge Regeln. Farbige und Frauen wurden von ihr nicht bedient, darauf musste man beim Abholen der Hefte achten. Auch Indianer und Malaien könne sie, laut „Spiegel", nicht riechen. Auch durfte man niemals die Aktentasche auf ihren Sesseln abstellen, die unter Schonbezügen gehalten wurden. Sonst aber war sie eine gesprächige freundliche alte Dame, die durchaus Anteil an unserem Schicksal nahm.

Das Ende der Institution Oma Röseler kam jäh und tragisch 1969 in Gestalt von zwei Medizinstudenten, Martin Echt, heute Kardiologe in den USA und Horst Lübbert, heute Professor und ehemaliger Leiter der Abteilung für gynäkologische Endokrinologie im Klinikum Benjamin Franklin der FU / Charité. Die beiden cleveren Kommilitonen hatten einen Arbeitsplatz in der Physiologie, wo sie Zugang zu einem der damals noch seltenen Kopierer hatten. Also haben sie flugs die Skripten kopiert und unter ihren Initialen MEHL als eigene Skripten verkauft. Werbeslogan: *„Mit Skripten von MEHL gehst Du niemals fehl."* Der „Spiegel" hat darüber 1970 einen ausführlichen Artikel veröffentlicht. Als Oma Röseler den Diebstahl entdeckte, war sie empört, vernichtete alle ihre Hefte und setzte sich tief verletzt zur Ruhe. Immerhin war sie inzwischen 80 Jahre alt. Jemand hatte ihr noch erzählt, die Täter seien sicher vom SDS. Das waren sie aber nun wirklich nicht, eher Vertreter des aufgeklärten Kapitalismus. Sie hatten sogar mit dem „Spiegel," wie Martin Echt mir später erzählte, eine Konventionalstrafe verabredet, falls die Zeitschrift ihre Namen veröffentlichen würde. Der „Spiegel" verriet nur die Anlaufadresse: *„Kronprinzendamm 3, bei Milfort."* Evelyne Milfort, eine sympathische amerikanische Lehrerin an der John-F-Kennedy-Schule, war die langjährige Freundin und spätere Ehefrau von Martin Echt.

Ob heute noch Überreste der Röseler-Skripten existieren, weiß ich nicht. Sie wären vermutlich eine wichtige Quelle für Medizinhistoriker.

Ganz neu war die Methode „MEHL" in der Berliner Medizin übrigens nicht. Schon zu meinen Studienzeiten gab es zwei Kommilitonen, die gerne von fleißigen Mädchen, die im Hörsaal immer brav alles mitschrieben, vorübergehend die Aufzeichnungen ausborgten, angeblich zur Prüfungsvorbereitung, und daraus, kombiniert mit eigenen Aufzeichnungen, Skripten nach Fächern getrennt anfertigten und verkauften. Ihre Namen waren Günther Swabeck und Jörg Rüdiger Siewert, später ein bekannter Chirurgie-Professor in München, heute Leitender Direktor der Universitätsklinika Heidelberg und Freiburg. Ihre Produkte waren unter dem Namen SWASI-Skripten sehr erfolgreich und begehrt. Irgendwann entdeckte allerdings der strenge Berliner Pathologe Wilhelm Maßhoff (1908-1975), dass unter seinem Namen unautorisierte Skripten zur Pathologie kursierten und verbot sie sofort, was einigen Prüfungskandidaten schlaflose Nächte bereitete. Daher wurde mit großem Interesse beachtet, dass auf der Hörsaaltafel des Großen Hörsaals des Westend-Krankenhauses an einem Freitagmittag mit Kreide angeschrieben stand: „Noch Restposten SWASI-Skripten Pathologie!" und dazu eine Telefonnummer. Es war die Privatnummer des Professor Maßhoff, und seine Frau bekam fast einen Nervenzusammenbruch wegen der zahlreichen Anrufe über das Wochenende. Die Studentenvertretung der Mediziner musste sich bei ihr mit einem Blumenstrauß entschuldigen.

Nachtrag 2016: M. Röseler war Sekretärin von Prof.Paul Diepgen, 1929-1944 Ordinarius für Geschichte der Medizin an der Berliner Universität, gewesen.

Ernst Carlos Fuchs Vanzetti
(1934 - 2003)

Ernst Fuchs, ein Bultmannschüler, war Professor für Neues Testament an der Kirchlichen Hochschule Berlin. Er pflegte gelegentlich mit meinem Vater in unserem kleinen Schlachtenseer Gärtchen zu sitzen. Mein Vater hatte zwar Theologie studiert, sich dann aber der Religionsphilosophie und der Pädagogik zugewandt. Den Beruf eines Pfarrers hat er nie ausgeübt, aber er liebte das Gespräch mit Theologen.

Ernst Fuchs war ein temperamentvoller Gesprächspartner. Ungewöhnlich für uns Kinder war lediglich, dass man den Gottesmann des öfteren laut durch den Garten „Scheiße" rufen hörte. Das inkriminierte Wort wurde nur dadurch gemildert, dass es in einem stark schwäbischen Tonfall ausgesprochen wurde.

Ernst Fuchs hatte einen gleichnamigen Sohn, der zu großen Hoffnungen Anlass gab. Nicht alle der hohen Ziele, die er sich setzte, erreichte er. Das erste Ziel, das er verfehlte, war die Aufnahme in die Studienstiftung des Deutschen Volkes, was sein Vater meinem Vater, der Mitglied des Auswahlausschusses der Stiftung war, noch lange grimmig vorhielt. Das zweite Vorhaben, das misslang, war, die Tochter des berühmten Berliner Philosophen Wilhelm Weischedel zu erobern. Es wurde eine doppelte Niederlage, denn nicht nur versagte sich die junge Dame ihm, sie heiratete auch noch einen CDU-Mann. Ernst Fuchs junior war natürlich ein Linker. Langfristig aber war sein Aufstieg durch solche Niederlagen nicht zu stoppen..

Ich lernte ihn persönlich kennen im Frühjahr 1962, als ich im Zehlendorfer Hubertus-Krankenhaus famulierte. Ernst Fuchs war damals dort Medizinalassistent in der Inneren Abteilung. Er war recht beliebt und man war stolz auf ihn, denn er hatte eigenhändig eine neue Labormethode eingeführt, die Bestimmung der „Transaminasen", noch heute gebräuchlich zur Differentialdiagnose zwischen Leber- und Herzkrankheiten. Wie er mir erzählte, hatte er die Methode eingeführt, nachdem er einmal einen Herzinfarkt irrtümlich für ein „Schulter-Arm-Syndrom" gehalten hatte. Für sein Angebot, den Test auch weiter selber durchzuführen, erwartete er, der sich seines Wertes durchaus bewusst war, aber, dass das Krankenhaus ihn fortan wie einen Voll-Assistenten bezahlte. Trotz seiner Erfolge in der Inneren Medizin wusste er allerdings schon damals, dass er Neurochirurg werden wollte.

Wir begegneten uns wieder im Juni 1964. Nachdem ich als erstes ihrer vier Kinder den Führerschein gemacht hatte, beschloss meine Mutter tollkühn, ihren im Jahre 1936 ausgestellten Führerschein, mit dem sie zwei Jahre als Werksfürsorgerin der Wanderer-Autowerke in Chemnitz gefahren war, wieder aufleben zu lassen und mit meiner Hilfe ein Auto zu kaufen, damit sie nicht mehr die schweren Taschen vom Schlachtenseer Wochenmarkt nach Hause schleppen musste. Die Veränderungen des Verkehrs in den letzten dreißig Jahren waren ihr damals wohl noch nicht so recht bewusst. Zu dieser Zeit sprach es sich in Zehlendorfer Akademikerkreisen herum, dass der junge Fuchs seinen alten VW-Käfer verkaufen wollte, um sich ein neues Auto zu kaufen, das seiner gewachsenen Bedeutung. wie auch der wachsenden Größe seiner Familie angemessener war.

Ich besitze heute noch den gedruckten *„Kaufantrag für gebrauchte Kraftfahrzeuge und (oder) Anhänger",* den meine Mutter am 5.6. 1964 an Herrn Ernst C. Fuchs, 1 Berlin 37, Albertinenstraße 31 richtete, zwecks Kaufs eines PKW-Volkswagens, Baujahr 1956, Kilometerstand 114 000, pol. Kennzeichen B-JR 973, zum Preis von DM 1200,00. Dem Antrag wurde stattgegeben. Fuchs kaufte sich was Edleres mit

Speichenrädern und Schiebedach. Meine Mutter aber kurvte von nun an unerschrocken durch das südwestliche Berlin. Nach zwei Jahren und vielen Unfällen, Gott sei Dank bis dahin ohne Personenschaden, bat mich mein Vater, der um sein Leben und das seiner Frau fürchtete, inständig, meiner Mutter das Auto auf irgendeine Weise zu entziehen. Mir kam dabei die Auto-Versicherung zu Hilfe, die meiner Mutter gerade wegen zu vieler Unfälle gekündigt hatte. Der gute alte grüne Käfer hat meiner Frau und mir dann noch treu auf unserer Hochzeitsreise nach Italien gedient, wenn er auch auf dem Gotthard-Pass zur Kurzatmigkeit neigte. Sein Ende kam 1968, als er, standesgemäß auf einer Zehlendorfer Kreuzung, die Begegnung mit einem Opel-Kleinlastwagen nicht überstand. Ernst Fuchs war inzwischen Assistent und später ein kompetenter Oberarzt der Neurochirurgie der FU geworden. Ich traf ihn gelegentlich, nachdem ich in die Kinderklinik am Heubnerweg eingetreten war, wenn er zum Verbandswechsel zu einem unserer Patienten kam.

Unsere letzte und vielleicht eindrucksvollste Begegnung fand am 15. März 1978 statt. Inzwischen war in Westberlin eine „Berliner Kinderärztliche Gesellschaft" gegründet worden. Der erste Vorsitzende, Dr. Hans-Siegfried Otto, Chefarzt der Kinderklinik Heckeshorn, liebte die große repräsentative Geste und suchte sich daher für die feierliche Gründungsveranstaltung die Berliner Kongresshalle aus, die für diesen Zweck sicher etwas überdimensioniert war. Zur Eröffnung sollten der Berliner Gesundheitssenator und der Vorsitzende der Berliner Akademie für Ärztliche Fortbildung sprechen, danach waren zwei Vorträge vorgesehen, von Professor Gerhard Joppich, Göttingen, dem früheren Chef des Berliner Kaiserin Auguste Victoria Hauses (KAVH) über „50 Jahre im Dienste des Kindes" und Professor Ettore Rossi, dem Chef der Berner Universitäts-Kinderklinik, über „Kinder der Dritten Welt" Danach wollte die Firma „Milupa" zu einem Buffet laden.

Ich traf Ernst Fuchs,im Foyer. *„Nanu, Lennert, Sie hier?"* war seine überraschte Frage. Umgekehrt wäre die Frage meinerseits eher angemessen gewesen. *„Na, immerhin gründen wir heute doch eine neue Berliner Kinderärzte-Gesellschaft"* war meine Antwort. *„Aber wissen Sie denn nicht, dass Nestle Kinder tö*tet?" kam es von ihm mit strenger Miene zurück. Das spielte auf die aktuelle weltweite Diskussion an darüber, ob die aggressive Werbung der internationalen Milchfirmen für künstliche Flaschennahrung in Afrika und der übrigen Dritten Welt nicht vielleicht das Leben von Säuglingen gefährdete.

Ich zuckte die Achseln. *„Na, Sie werden ja sehen!"* war seine kryptische Antwort, bevor er sich wieder einer Schar junger Leute widmete, für die er wohl so eine Art Guru war.

Ich setzte mich in eine der mittleren Reihen. Fuchs, der übrigens für seine sonstigen Gewohnheiten auffallend gut gekleidet war, mit Schlips und Anzug, saß in der vierten Reihe seitlich. Die Eröffnungsreden gingen glatt über die Bühne. Joppichs Vortrag war spannend. Dann ergriff der alte ehrwürdige Ettore Rossi, eine internationale Kapazität für Kinderprobleme in der Dritten Welt, das Wort. Mitten in seinem Vortrag geschah etwas Gespenstisches. Wie auf ein geheimes Signal erhoben sich überall im Saal junge Leute und marschierten auf das Podium. Dort entrollten sie ein Spruchband, auf dem zu lesen stand: „TÖTET NESTLE BABYS ?" (Wie wir später erfuhren, wurde die Frageform auf Anraten eines Anwalts gewählt.)

Im Saal brach heftige Unruhe aus. Rossi unterbrach seinen Vortrag. Die Revolutionäre ergriffen das Mikrophon und begannen, eine längere politische Erklärung zu verlesen über die Verbrechen der Milchindustrie in der Dritten Welt. *„Aufhören, aufhören!"* rief es aus dem Saal. Ein besonders mutiger Verteidiger demokratischer Formen, der Kinderchirurg Professor

Waldschmidt, sprang aufs Podium und eroberte mit brachialer Gewalt das Mikrophon zurück.

Ernst Fuchs, der bis dahin ruhig auf seinem Platz gesessen hatte, erhob sich jetzt und bat in väterlichem Ton, man sollte doch die jungen Leute ausreden lassen. Sie hätten uns ja vielleicht was Wichtiges zu sagen.

Man einigte sich, die Erklärung anzuhören. Danach wurden die Aufrührer höflich gebeten, das Podium wieder zu räumen, und Rossi setzte seinen Vortrag fort. Ans Bufett gingen dann aber anschließend nur noch wenige, irgendwie war uns der Appetit vergangen. Und Ettore Rossi schwor sich, nie wieder in Berlin einen Vortrag zu halten.

Natürlich wurde bald klar, dass Ernst Fuchs das Ganze minutiös geplant hatte. Er besaß dann noch die Chuzpe, nach einigen Tagen einen Brief an die Universitätskinderklinik und den Vorstand der Kinderärzte-Gesellschaft zu schreiben, in dem er sich bitter beklagte, wie wenig fair doch das Verhalten der Veranstalter gegenüber den berechtigten politischen Anliegen der jungen Leute gewesen sei.

Ob ihm wegen solcher und ähnlicher Vorkommnisse die Habilitation verweigert wurde, wie manche seiner Freunde behaupteten, entzieht sich meiner Kenntnis. Immerhin bat man ihn 1977/78, kommissarisch die Abteilung des erkrankten Neurochirurgen Wilhelm Umbach im Steglitzer Klinikum zu leiten, bis der Nachfolger, Mario Brock, im Mai 1978 berufen wurde. Eine feste Chefarztposition hatte er aber damit noch nicht inne, wie es seine Bewunderer und die Medien gerne behaupteten, auf die er dann spektakulär zugunsten der Revolution in Nikaragua hätte verzichten können.

Was brachte ihn überhaupt dazu, nach Nikaragua zu gehen? Er hat das in einem Interview mit dem „Stern" versucht, zu erklären:

„Von meinem intellektuellen Ehrgeiz her, von meinen kleinbür-
gerlichen Vorstellungen her hatte ich in der Bundesrepublik
alles erreicht. In Berlin war ich Oberarzt am Westend-
Krankenhaus, dann Chef der Neurochirurgie in Steglitz. Ich
habe 100 000 Mark im Jahr verdient, hatte eine Neun-Zimmer-
Wohnung in Schöneberg mit Butzenscheiben, ein VW-Cabrio
und einen VW-Bus. Aber ich war Linker. Welcher Widerspruch.
Es geht doch wohl allen Linken ähnlich, wenn sie halbwegs
ehrlich sind. Da waren Sammlungen für die Dritte Welt. Da
haben sie gedacht, wunder wie toll sie sind, wenn sie zehn
Mark geben, und am Abend haben sie dann fünfzig in der Pinte
versoffen. Irgendwie geht das nicht zusammen. Ich finde, wenn
man überzeugt ist, muss man versuchen, den Abgrund zwischen
dem, was man macht, und dem, was man will, möglichst klein
zu halten.."

Im Januar 1979 brach er auf und kämpfte unter seinem Tarn-
namen Carlos Vanzetti mit der sandinistischen Befreiungsbe-
wegung, bis er am 19, Juli 1979 mit den siegreichen Kämpfern
in die Hauptstadt Managua einzog. Er hat sich dann jahrelang
für die Neurochirurgie in Nikaragua eingesetzt, besonders bei
Kindern, wurde Chef der Neurochirurgischen Abteilung des
Lenin-Fonseca-Krankenhauses in Managua und hat im Norden
des Landes ambulante Versorgungszentren aufgebaut. Nach
zwei gescheiterten Ehen in Deutschland hat er in Nikaragua
noch einmal geheiratet und bekam noch zwei Kinder, von denen eine Tochter inzwischen selbst als Ärztin im Lande tätig ist.
Er war eine Galionsfigur, ein Held unter den deutschen Linken,
präsent in vielen Medien, sammelte auch Geld in Deutschland
für seine arme neue Heimat. Er erlebte die Enttäuschungen
einer nahezu gescheiterten Revolution, fiel in Ungnade bei den
früheren Kampfgenossen, deren zunehmende Korruption er
kritisierte. Einmal erreichte mich ein Gruß von ihm über mei-

nen Kollegen Norbert Krüger, der für die GTZ das Krankenhaus in Managua modernisieren sollte.

Am 8. Juni 2003 starb er, im 70. Lebensjahr, an einem Gehirn-
schlag, tief betrauert von seinen Berliner Freunden, darunter
Hans-Christian Ströbele, die in der Traueranzeige schrieben:

*„Die Erinnerung an ihn und seinen unerbittlichen Kampf für
eine gerechtere Welt tragen wir in unseren Herzen.“*

In Nikaragua schrieb man:

*„Für die, die an seiner Beisetzung teilnahmen, war er ein
großartiger Held unserer Zeit, ein Vollzeit-Humanist, der aus
seiner eigenen Tasche die Tomografien seiner ärmsten Patienten bezahlte, Wer wird bereit sein, ihm in einem Jahrhundert
nachzueifern, in dem die Werte des Marktes herrschen und das
Prinzip des „Rette sich, wer kann“ über unserer Nationalhym-
ne steht.“*

David Ensikat verfasste für den „Tagesspiegel“ einen einfühl-
samen Nachruf unter der Überschrift:

*„Carlos Vanzetti - er hat die Revolution zur Heimat gemacht.
Dann starb sie, die Revolution.“*

Jochanan Bloch
(1919 – 1979)

Mein Interesse an Israel begann auf eine ungewöhnliche Weise. Im Sommer 1957 war ich auf dem „Jubilee Jamboree" der Internationalen Pfadfinderbewegung in Sutton Coldfield bei Birmingham anlässlich des 100. Geburtstag von Lord Baden Powell, dem Gründer der Pfadfinder.

Ich besaß noch keinen Fotoapparat, dafür zeichnete ich viel. Ich hatte die Idee, so oft wie möglich meine neu gewonnenen internationalen Pfadfinderfreunde in meinen Zeichenblock etwas zeichnen zu lassen.

Am letzten Tag des Jamborees, zu dem immerhin 50 000 Pfadfinder zusammen gekommen waren, entdeckte ich das Lager der israelischen Pfadfinder. Ich versuchte, mein Anliegen vorzubringen. Man verwies mich an einen Führer, der Englisch konnte. Das war Ram Loevy, Sohn des aus Deutschland stammenden Journalisten Theodor Loevy, der noch bei Emil Dovifat an der Berliner Universität Journalismus-Vorlesungen gehört hatte. Er war Warschau-Korrespondent des „Sozialdemokratischen Pressedienstes" gewesen, anschließend in Danzig Chefredakteur der zionistischen jüdischen Wochenzeitung „Danziger Echo", bis die Zeitung 1936 auf Druck der Nazis verboten wurde. Theodor Loevy kam vorübergehend in Haft und flüchtete dann nach Polen. 1939 emigrierte er mit seiner Frau nach Palästina, wo er wieder als Journalist arbeitete. Sein Sohn wurde 1940 in Tel Aviv geboren.

Ich trug Ram mein Anliegen vor und er versprach, meinen Zeichenblock einem Jungen zu geben, der zeichnerisch begabt war. Am nächsten Tag könnte ich den Block wieder abholen. Wir mussten dann aber früher als geplant zur Rückreise aufbre

Abb. 4: Der See Genezareth

Zeichnung von Amy Charytan, Israel, Jamboree 1957

chen. Ich eilte frühmorgens zum Lager der Israelis, die alle noch in ihrem Zelt fest schliefen. Wie ein Dieb schlich ich mich hinein und entdeckte meinen Block neben dem Kopf eines Schlafenden. Vorsichtig zog ich ihn hervor und schlich mich wieder hinaus. Ich war mir durchaus der Pikanterie der Situation bewusst, als Deutscher, der heimlich in ein israelisches Zelt einbricht.

Ram hatte mir seine Adresse gegeben und so schrieb ich ihm von Berlin aus einen Dankesbrief und entschuldigte mich für die Umstände.

Es entwickelte sich daraus eine umfangreiche Korrespondenz und eine bis heute währende Freundschaft. Bevor er bereit zu einem intensiveren Briefwechsel war, musste ich ihm, der ein politisch sehr bewusster Mensch war, erst eine Reihe inquisitorischer Fragen zu meiner politischen Haltung und der Rolle meiner Familie im Dritten Reich beantworten.

Ram Loevy ist heute ein berühmter Fernsehregisseur in Israel, dem 1993 für sein Gesamtwerk der „Israel-Preis", der höchste Preis des Landes für kulturelle Leistungen, verliehen wurde. Zuletzt war er Professor für Film und Fernsehen an der Universität Tel Aviv.

Ich habe ihn und seine Frau Zipa mehrfach in Israel besucht und 1990 besuchten sie mich in Berlin.

Eine weitere Persönlichkeit, die mein wachsendes Israel-Interesse förderte, war der Theologie-Professor Helmut Gollwitzer (1908-1993). Er hatte im Mai 1958 an der FU eine viel beachtete Rede gehalten zum 10. Gründungstag des Staates Israel. Ihn besuchte ich im März 1959, wenige Tage nach meinem Abitur, in seiner Wohnung, um von ihm möglichst viel über Israel zu erfahren. Er empfahl mir, mit Beginn meines Studiums in die Deutsch-Israelische Studiengruppe (DIS) einzutreten, der ich dann viele Jahre in Berlin und später auch in Freiburg angehörte. Zum Abschied schenkte er mir die inzwischen gedruckte Rede an der FU „Israel – und wir" mit der Widmung: *„Thomas Lennert zur weiteren Anregung seines Israel-Interesses. Helmut Gollwitzer"*

Während meines ersten Semesters lernte ich Jochanan Bloch kennen. Er war 1919 in Berlin geboren und mit seiner Familie 1933 nach Palästina ausgewandert. Nach Abschluss seiner Schulzeit studierte er Jura in Jerusalem und war eine Zeitlang als Rechtsanwalt in Tel Aviv tätig. Daneben betätigte er sich in der jüdischen Untergrundbewegung bis zur Gründung des Staates Israel. 1948/1949 diente er in der israelischen Armee. Danach war er Privatlehrer und begann autodidaktisch philosophische Studien. Dadurch wurde er Martin Buber und Ernst Simon bekannt, die ihm ein Stipendium für Europa verschafften. Er studierte Philosophie und Religionswissenschaft, zunächst in

Heidelberg, ab 1957 an der FU Berlin. Dort gründete er auch die erste der Deutsch-Israelischen Studiengruppen, die es später auch an anderen Universitäten gab.

Im Sommersemester 1959 hielt er im Ethnologischen Institut der FU ein Seminar ab über die Entstehung des Staates Israel, an dem ich regelmäßig teilnahm. Da ich für die Sommerferien 1960 eine Israel-Reise plante, begann ich zur gleichen Zeit auch einen Sprachkurs in Neuhebräisch, den Bloch an der Kirchlichen Hochschule für Theologiestudenten abhielt, die ebenfalls eine Reise planten. Sie hatten in der Regel schon eine Prüfung in Althebräisch hinter sich. Bloch machte es eine diebische Freude, sie um die Übersetzung von Sätzen wie „Heute abend gehe ich mit meiner Freundin ins Kino" zu bitten, mit denen sie natürlich überfordert waren, schon aufgrund der völlig anderen Grammatik des Althebräischen und des Fehlens eines modernen Vokabulars.

Bloch war ein ganz ungewöhnlicher Mensch. Körperlich eher klein war er von ungeheurem Selbstbewusstsein, dabei hoch intelligent und gebildet.

Er war ein glühender Zionist, der aber als Anhänger der rechten Cherut-Partei im damals eher sozialdemokratisch regierten Israel unter David Ben Gurion viele politische Gegner hatte. Das ging soweit, dass der israelische Studentenverband im Jahre 1960 sich weigerte, deutsche Studentengruppen in Israel zu betreuen, wenn sie von Bloch begleitet wurden. Dabei kamen fast alle Gründungsmitglieder der DIS aus dem SDS (Sozialistischer Deutscher Studentenbund). Die Linken entdeckten erst später ihre Israel-Feindschaft und ihre Sympathie für die „revolutionären" Palästinenser

Bloch liebte es, seine Freunde zu provozieren So erklärte er uns, warum er Antisemiten viel interessanter fand als Philosemiten, die ja meist auch Anti-Antisemiten seien. Letztere beschäftigten sich ja vor allem mit den Antisemiten, was ein langweiliges Thema sei. Die Antisemiten aber beschäftigten sich mit den Juden, und das sei doch viel interessanter!

Oder er ließ durchblicken, er könne sich auch vorstellen, in eine Schlagende Verbindung einzutreten. Auf den Einwand, die würden ihn doch als Juden gar nicht aufnehmen, meinte er: „Dafür hätte ich dann auch Verständnis". Nachdem er von meinem jüdischen Urgroßvater erfahren hatte, gab er mir für meine Israelreise den Rat: *„Es gibt in Israel viele schone Mädchen. Ihrer Familie täte eine ,Aufjudung' sicher gut!"*

Einmal lud ich ihn zu meinen Eltern zum Mittagessen ein, da mein Vater sich für seine religionsphilosophischen Studien interessierte. Einige Tage vorher meinte Bloch zu mir: *„Bitte sagen Sie Ihrer Frau Mutter: Am liebsten esse ich Rehrücken mit Preißelbeeren."* Als es dann etwas anderes zu essen gab, fragte er mich in Gegenwart meiner verblüfften Mutter: *„Ach, haben Sie vergessen, ihr zu sagen, dass ich Rehrücken mit Preißelbeeren mag?"*

Bloch wurde später Professor für Religionsphilosophie an der Ben-Gurion-Universität in Beer Sheva in Israel. Im Januar 1978 leitete er dort eine internationale Konferenz anlässlich des 100. Geburtstages von Martin Buber, auf der es zu einer heftigen Kontroverse zwischen Bloch und seinem langjährigen Freund und Förderer Helmut Gollwitzer kam.

Gollwitzer hatte die Israelis davor gewarnt, zu einem „Herrenvolk" gegenüber den Arabern zu werden. Bloch wehrte sich gegen eine Umarmung durch die Christen, die den Juden moralische Vorschriften machen wollten.

Ein Jahr später starb Jochanan Bloch überraschend bei einem Busunglück in Thailand. Zu seinem Gedenken wurde ein Jochanan-Bloch-Stipendium an der Ben-Gurion-Universität in Beer Sheva begründet, zu dessen Finanzierung zahlreiche Professoren der FU (u.a. Margherita von Brentano, Dietrich Goldschmidt, Erich Loos, Friedrich-Wilhelm Marquardt, Michael

Landmann, Alexander Schwan) beitrugen, aber auch Bischof Kurt Scharf, Annemarie Renger, Manfed Rexin, Arthur Brauner, Friedrich Torberg und viele andere.

Berlin von rechts

Manfred R.

Traudl hatte ihre Chance gehabt. Sie hat sie nicht genutzt. Als wir beide, etwa acht Jahre alt, im Park des Kaiserlichen Jagdschlosses Göhrde zusammen spielten: Bauernhof oder Vater, Mutter, Kind, habe ich ihr irgendwann die Ehe angeboten. Damals, drei Jahre nach Kriegsende, wurde man dauernd irgendwohin verschickt, etwa weil man zu dünn war wie ich, oder eine reiche Tante in der Schweiz hatte wie Traudl. Zu diesem Zweck benötigten wir Initialen, die in die Wäsche gestickt oder genäht wurden, damit die Sachen im Kinderheim oder im Haushalt der Tante wieder zu finden waren. Mein Argument, mit dem ich Traudl lockte, lautete: Du kannst dann meine Unterwäsche tragen und wir müssen nicht mal die Initialen ändern: T. L. Traudl versprach, darüber nachzudenken. Ihr Vater war, wie meiner, Dozent an der Heimvolkshochschule Jagdschloss Göhrde. Ihre Mutter führte uns Kinder in die Geheimnisse der Blockflöte ein. Da unsere kleine private Zwergschule nur einen Raum hatte, sahen wir uns täglich alle in der Schule, sicher eine gute Voraussetzung für eine glückliche Ehe. Aber dann trennte uns das Schicksal und wir verloren uns aus den Augen.

Später lernte sie Manfred kennen. Ein stolzer Mann, groß, von gerader Haltung. Und Rechtsanwalt war er auch. Als sie meinen Eltern in Schlachtensee ihre Aufwartung machten, fand ich es nur etwas seltsam, dass er in kurzen Hosen erschien. Sie blieben dann in Berlin und heirateten. Er wurde ein aktiver Christ in der Schlachtenseer Kirchgemeinde. Bald fing er aber an, die Gemeindeältesten zu nerven. Der Pfarrer war ihm zu links, die

Gemeinde nicht national genug gesinnt.[9] Dann wurde es schlimmer. Er kämpfte gegen Pornographie, warf Stinkbomben in Kinos und beschmierte Sexblätter mit Ölfarbe. Die Familie zog später nach Bensheim, Traudl bekam ein Kind nach dem anderen, während Manfred als Anwalt für die Freilassung von Rudolf Hess kämpfte und gegen Gastarbeiter. Aus der CDU trat er aus. Bald wurde er ein öffentliches Problem und stand mehrfach vor Gericht. Es war zu lesen, dass er als Schüler in einer Napola (Hitlers Nationalpolitische Erziehungsanstalt) gewesen war und als 16jähriger Soldat noch Berlin verteidigt hatte. Als dann seine Anhänger die ersten Brandsätze gegen Asylbewerber warfen, wurde er als Rädelsführer zu 13 Jahren Gefängnis verurteilt. Inzwischen hatte die Familie ein Anwesen auf dem Knüll in Hessen gekauft, das als Treffpunkt der Bewegung ausgebaut wurde. Traudl glaubte lange an ihn und gebar ihm sechs Kinder. Irgendwann überkam Manfred dann aber die Liebe zu einer jüngeren Gesinnungsgenossin und Traudl ließ sich scheiden.

Als ich meinen 60. Geburtstag plante, hatte ich die Idee, die alte Jugendclique noch mal in die Göhrde einzuladen. Ich telefonierte herum, es waren alle noch am Leben. Auch mit Traudl telefonierte ich und sie fand die Idee gut. Als ich dann aber darauf bestand, dass sie ihren Mann nicht mitbringen dürfe, erklärte sie mir, dass sie sich inzwischen ganz von ihm gelöst hätte. Das Merkwürdige war nur, dass ich nach diesem Telefonat zeitweilig überschüttet wurde mit rechtsradikalen Schriften und Texten von Manfred, die über eine kanadische Deckadresse

---

[9] In der Festschrift „70 Jahre Ev. Johannes Kirche Schlachtensee" heißt es: „Mit einem der Kandidaten (des Gemeindekirchenrats), dem Rechtsanwalt Manfred R., kam ein rechtsradikales Element ins Spiel, wodurch sachliche Arbeit und überzeugende Aussprache... unmöglich wurden und ein langes Ringen miteinander einsetzte, das tiefe Spuren in der Gemeinde hinterlassen hat."

versandt wurden. Da sich mein Geburtstagsprojekt zerschlug, hatte ich keine Gelegenheit mehr, herauszufinden, ob Traudl bei diesen Sendungen ihre Hand im Spiel hatte, oder ob ihr Ex-Mann noch die Kontrolle über ihr Telefon besaß.

Aber als ich meinem ehemaligen Chef, dem Berliner Pädiater Prof. Hans Helge, von meinen Problemen mit dieser Einladung erzählte, stöhnte er nur gequält auf. *„Der hat doch mit mir in Lichterfelde nach dem Krieg Abitur gemacht und jetzt streiten meine Frau und ich, ob wir den zum Abiturtreffen einladen. „Wenn er sich schlecht benimmt"* hat *meine Frau erklärt, „werfe ich ihn raus!"* Er soll sich aber gut benommen haben.

Dass er Roeder heißt, habe ich wohl vergessen, zu erwähnen. Aber das war ja wohl klar.

Deutschland - Halle

Eine kleine Überschrift im „Tagesspiegel": *'Neona-
zis marschieren in Halle für die NPD'*. Während der Verstand
sagt, es wird sich wohl um die Stadt in Sachsen-Anhalt han-
deln, schert die Phantasie aus. Wäre das nicht eine tolle Möglichkeit? Man nimmt eine große ungenutzte Halle, z.B. die
Deutschland-Halle, baut aus Ri-Gips ein schönes Brandenburger Tor hinein und schon könnten die Rechten marschieren, bei
Wind und Wetter, immer durch das Brandenburger Tor und
wieder zurück. Stundenlang, von mir aus auch tagelang. Kein
Verkehrsstau, keine Konfrontation mit den Autonomen, keine
Ruhestörung, auch wenn sie brüllen. Gut, Hakenkreuze und
Hitlerbilder müssten leider an der Garderobe abgegeben
werden, ebenso Waffen. Aber die Reichskriegsflagge
würden wir noch tolerieren und die Springerstiefel auch.
Ein eigener Friseur könnte die Glatzen auf Hochglanz halten.
Und einmal in der Woche zeigt Leni Riefenstahl Filme. Die
Kosten der Hallenreinigung müsste allerdings der Senat über-
nehmen, da es sich ja um eine politische Demonstration handelt.
Dafür ist der Eintritt frei.
Man könnte auswärtige Gäste dorthin führen und ihnen zeigen,
was es bei uns so alles gibt. Ausländer bräuchten nicht gleich
um ihr Leben zu fürchten, solange sie auf der Zuschauertribü-
ne bleiben. Allerdings werden die Zuschauer mit der Zeit aus-
bleiben, weil es ja irgendwann langweilig wird. Dann können
die Rechten so lange wie sie wollen, *„Ausländer raus*!"
brüllen, es betrifft keinen mehr. Vielleicht wird man dann,
wenn man zu mitternächtlicher Stunde sein Ohr von außen
ganz dicht an die Tür hält, noch eine Weile hören können: *„Es lebe Rudolf Hess!"*

Berliner Druckfeh-ler

Vorbemerkung

„Wahr ist es endlich, dass Autoren ihre kühnsten Gedanken, die außerordentlichsten Wendungen oft ihren gütigen Setzern verdanken, die dem Aufschwunge der Ideen nachhelfen durch sogenannte Druckfehler"

E.T.A. Hoffmann: Vorwort zu „Lebensansichten des Katers Murr"

„Druckfehler sind in der Sprache manchmal das, was Erbfehler in der Entwicklung der Arten sind. Es kann was draus werden."
Harald Martenstein in einem Brief an den Autor

Mit Druckfehlern müssen wir leben, seitdem die Buchdruckerkunst erfunden wurde.

Da gibt es die alltäglichen Buchstabendreher, falschen Silbentrennungen und, dank der Rechtschreibreform, Probleme mit der Groß- und Kleinschreibung. Alles nicht der Rede wert.

Dann gibt es die ärgerlichen, die die Wahrheit strapazieren.

Wenn etwa in einem Kommentar einer Berliner Tageszeitung die KSZE als „*Konferenz für Sicherheit und Zusammenbruch in Europa*" benannt wird, muss das die Berliner, besonders die Ostberliner, ärgern, haben sie doch viel Hoffnung in die KSZE gelegt.

alzündungen für den Zusammenbruch des Kommunismus die Bahr'sche Ostpolitik mit ihrem „Wandel durch Annäherung", gepaart mit den Ergebnissen der Konferenz für Sicherheit und Zusammenbruch in Europa, auf die sich sämtliche

In der gleichen Tageszeitung wird behauptet, der berühmte und berüchtigte Historiker Heinrich von Treitschke habe seine anti-semitischen Thesen *„vom Katheter der Berliner Humboldt-Universität" verbreitet*. Das ruft nicht nur die Berliner Urologen auf den Plan, sondern auch die Stadt-Historiker, gab es doch die Humboldt- Universität zu Treitschkes Zeiten noch gar nicht

über Geschichtspolitik lehrt – wenn auch nicht im Sinne der Lehren, die Treitschke vom Katheter der Berliner Humboldt-Universität und als Autor der „Preußischen Jahrbücher" verbreitete.

Und schließlich gibt es die „kreativen" Druckfehler, die die Phantasie anregen und kreisen lassen. Von denen soll hier ausführlicher die Rede sein.

Hellmuth Karasek

Seitdem Karasek 1996 zeitweilig Mitherausgeber des Tages-spiegels wurde, hat er nichts unversucht gelassen, die Berliner über seine sämtlichen intimen Begegnungen mit Hollywood-Stars und anderen Prominenten ins Bild zu setzen. Im Februar 1997 schrieb er eine lange Laudatio zum 65. Geburtstag von Liz Taylor unter dem genialen Titel

Oh Taylor weit, oh Höhen

Darin hieß es:

papier darüber gegangen. Sie konnte unnah-bar und nobel sein, kratzbrüstig und vulgär, kalt und hingabevoll. Unter den mehr als 50 Filmen, die sie gespielt hat, sind viele Nieten,

Ich schrieb ihm daraufhin:

Verehrter Hellmuth Karasek,
„Oh Taylor weit, oh Höhen!" vom 27.2. war ja als Überschrift
einsame Spitze. und niemand käme auf die Idee, Ihnen das als
Druckfehler anzukreiden.
Aber dann... Alte Tagesspiegel-Leser wie ich neigen zunehmend
zur Resignation, was die Häufigkeit von Druckfehlern betrifft,
seitdem der 'Tagesspiegel' seine Texte den Computern überlässt.
*Was nun Liz Taylor betrifft: Ist sie wirklich **kratzbrüstig,** wie*
Sie schreiben, und woher wissen Sie das eigentlich so genau,

Herr Karasek? Wenn es denn zutrifft, hätten Sie ihr nicht diskret einen guten Hautarzt empfehlen sollen, statt es in die Welt hinaus zu posaunen?

Nun, viel eher war es ja wieder einmal der Druckfehlerteufel. Das Fatale ist nur, man kann das so schwer korrigieren. *Etwa als Richtigstellung im nächsten Tagesspiegel: ‚Ich, Hellmuth Karasek, erkläre hiermit, dass Liz Taylor nicht kratzbrüstig ist.'* Geht ja wohl auch nicht, ganz abgesehen von dem schwer zu erbringenden Wahrheitsbeweis. Also besser Schwamm drüber! Vergessen wir es, unter Männern...

Thomas Lennert

Die Antwort war der etwas säuerliche Hinweis von Karasek, dass nicht jeder Leserbrief gedruckt würde.

P.S.

Neulich schlenderte eine gute alte Freundin – übrigens meine „Mauerliebe" aus der Marienstraße (s. Kapitel: Räuber und Gendarm) – durch die Leipziger Buchmesse. Da entdeckte sie Hellmuth Karasek hinter einem Stapel Bücher, die er für eine Schlange erwartungsfroher älterer Damen signierte. Es handelte sich um eine frisch erschienene Ausgabe seiner Glossen, die er für das Hamburger Abendblatt und die Berliner Morgenpost verfasst hatte.

Meiner Freundin fiel meine Korrespondenz mit Karasek ein und sie beschloss, sich in die Schlange einzureihen, um mir das Buch signiert zum Geburtstag zu schenken. Als sie an der Reihe war, fragte Karasek, was er in das Buch hinein schreiben sollte. Meine Freundin antwortete: *„Schreiben Sie: Für Tom, den unermüdlichen Leserbriefschreiber!"* Nun ist der Geräuschpegel in den neuen Leipziger Messehallen ziemlich hoch, auch gehört meine Freundin eher zu den Leisen im Lande, die dazu gelegentlich noch in den nuscheligen Tonfall ihrer Jugend in

Halle-Nietleben verfällt. Und schließlich: der Jüngste ist Karasek auch nicht mehr, da steht ihm schon eine gewisse Altersschwerhörigkeit zu.

Wie auch immer, er schrieb: *„Für Tom, den unermüdlichen Leser **und** Schreiber. Weiter so! Herzlich Hellmuth Karasek 18.03. 2011 „*

Meine Freundin schwört, das „Weiter so!" stamme nicht von ihr. So erhielt ich also den Ritterschlag des großen Meisters .

Nebenbei, die Glossen sind überwiegend eher mittelmäßig. Da hilft es ihm auch wenig, dass er Karl Kraus und Kurt Tucholsky ebenso wie Johann Peter Hebel und Alfred Polgar zu seinen Vorbildern erklärt. Der weiblichen Brust aber ist er auch nach dem Tode von Liz Taylor treu geblieben. So erklärt er anlässlich der Vorlieben von Horst Seehofer, dass zwischen weiblichen Brüsten und einer Modelleisenbahn kein Unterschied bestehe. *„Denn beide* *sind für die Kinder bestimmt und mit beiden spielt der Pa-pa.*"

Na ja, da lobe ich mir doch meinen Harald Martenstein mit seinen Glossen. Er ist übrigens der einzige Tagesspiegel-Redakteur, der sich bei mir mal für einen Druckfehler entschuldigt hat.

Hannes Schwenger

Dass der Barde vom Prenzlauer Berg und Stasi-Spitzel Sascha Anderson ein Arschloch ist, das haben wir spätestens von Wolf Biermann gelernt. Das hindert Anderson aber nicht, weiter Gedichte zu publizieren, die jetzt von Hannes Schwenger im Tagesspiegel rezensiert wurden. Mit einer gewissen triumphierenden Häme wirft der Rezensent dem Dichter, der sich auf seine Intellektualität einiges zu gute hält, vor, statt *„Annalen"* *„peinlicherweise Analen"* zu verwenden, eine zweifellos etwas anrüchige Wortwahl. Dummerweise erwischt es dann aber im nächsten Satz den Rezensenten selbst: Er nimmt Bezug auf Hölderlin, Goethe und Benn, wogegen nichts einzuwenden wäre, aber dann auch auf einen gewissen *„Kloppstock"*, womit ja nicht der deutsche Dichter Friedrich Gottlieb Klopstock (1724-1803) gemeint sein kann, sondern eher, so muss der Leser vermuten, eine Berliner Variante des gemeinen deutschen Rohrstocks. Tiefenpsychologisch ergibt sich eine interessante Deutung: Wollte der Schriftsteller Schwenger wohl, mithilfe eines *„Kloppstocks"*, dem Arschloch und Kollegen Anderson den Po versohlen?

Welch ungewöhnliche anale Fixierung, würde Freud sagen.

Schießverbot? Nebbich. Das Latein des Autors läßt zwar zu wünschen übrig – er schreibt „in spe" mit einem französischen accent aigu und „Annalen" peinlicherweise „Analen" –, es soll ihn aber offenbar als *poeta doctus* ausweisen. Seine Anmerkungen nehmen geläufig auf Kloppstock, Hölderlin, Goethe und Benn Bezug. Nur: Warum Benn?

Kerstin Decker

Kerstin Decker habe ich immer bewundert. Sie ist eine der klügsten Journalistinnen, die ich kenne, philosophisch gebildet, literarisch bewandert, und schreibt in einem hinreißenden Stil. Am 10. Januar 1999 verfasst sie für den Tagesspiegel einen wunderschönen Artikel über das Berliner St. Hedwigs-Krankenhaus, das gegen seine vom Senat geplante Schließung kämpft. „Der Kampf der Nonnen".

Ausführlich geht sie auf Geschichte und Gegenwart dieses bedeutenden katholischen Krankenhauses ein und lässt sich von den Nonnen herumführen. Auf der Intensivstation trifft sie auf einen Krankenpfleger. Der fragt, ob sie Heinz Knobloch gelesen habe, den bekannten Berliner Schriftsteller und Feuilletonisten. Der habe in seinem Buch *„Der beherzte Revierförster"* auch das Hedwigs-Krankenhaus erwähnt.

Was soll man schon antworten auf diese Journalistenfragen. Ob ich Heinz Knobloch gelesen habe, will er wissen, „Der beherzte Revierförster". Da stünde alles drin. Auch über das St. Hedwig. Die im

Hier stockt dem geneigten Leser der Atem. Sollte etwa Frau Dr. Decker, die in Ostberlin studiert hat, nicht wissen, dass das erwähnte Buch von Heinz Knobloch *„Der beherzte Reviervorsteher"* heißt und von dem Polizeioberleutnant Wilhelm Krützfeld handelt, der in der „Reichs-Pogromnacht" die Feuerwehr gezwungen hat, die brennende Synagoge in der Oranienburger Straße zu löschen?

Noch am selben Tag sandte ich eine Beschwerde an den Tagesspiegel.

Darin heißt es:

„ ...'Der beherzte Revierförster'. Warum eigentlich nicht? Vielleicht geht es ja um das Schicksal eines mutigen Försters, der Göring einst in der Schorfheide entgegen trat oder vielleicht war es ein Förster, den Honecker versehentlich getroffen hatte, als er von seinem Luxus-Jagdwagen aus frustriert in demselben Revier herumballerte, und der dann vielleicht im Hedwigs-Krankenhaus kuriert werden musste.
Is aba nich!
Vielleicht hatte ja der Krankenpfleger wirklich an einen Förster gedacht, oder einfach nur ein bisschen genuschelt. Aber die Redaktion hätte ihm das nun doch nicht durchgehen lassen dürfen! Als Sühne schlage ich vor: eine Einladung an Heinz Knobloch zu einem Essen in einem namhaften Lokal und eine Spende an den „Verband Deutscher Revierförster" und an die Synagoge in der Oranienburger Straße, die bekanntlich so weit weg vom Wald liegt, dass sie es nicht verdient hat, von einem Förster gerettet worden zu sein. „

Es kam keine Antwort, nicht einmal die übliche Empfangsbestätigung. Nachdem ich drei Wochen gewartet hatte, schrieb ich schließlich an Heinz Knobloch, um ihn über den Vorgang zu informieren. Er antwortete prompt:

„Sehr geehrter Herr Dr. Lennert,
was wäre unsereins ohne seine Leser! Ich danke Ihnen! Ihr Brief an den „Tagesspiegel" ist eine reine Freude. Vermutlich bauen die dort absichtlich Fehler ein, um so schöne Leserbriefe zu bekommen.
Selbstverständlich kam bisher keine Einladung zum Essen. Da müssten die Zeitungen, die „Berliner Zeitung" inclusive, ständig einen großen Tisch bestellen. Dort gelang es unlängst der Lokalredaktion, im ersten *Satz eines Artikels mich zitierend*

drei Fehler zu veranstalten. Es zeigt sich auch immer häufiger, dass Nachschlagewerke nur vom Publikum benutzt werden…"

Etwa ein Jahr später hatte ich Gelegenheit, auf einer Lesung Kerstin Decker persönlich auf den Vorgang anzusprechen. Sie erwiderte nur: „*Was weiß ich denn, ob der Knobloch nicht auch ein Buch über einen beherzten Revierförster geschrieben hat.*"
Am 24. Juli 2003 ist der kleine Mann, der große Schriftsteller Heinz Knobloch gestorben. Sein Motto, mit dem er Berlin erkundet hat: "*Misstraut den Grünanlagen*", wird uns noch lange begleiten.

Berliner

Diether und Nikolaus

Diether und Nikolaus waren meine Klassenkameraden am Dahlemer Arndt-Gymnasium. Vor mir liegen zwei Erinnerungsstücke, die von ihnen stammen:

Zum Ende unserer Schulzeit, das mit meinem 19. Geburtstag zusammenfiel, schenkte mir Diether, schon damals für unser Alter eher ungewöhnlich, E.T.A. Hoffmanns „Lebensansichten des Katers Murr" mit einer Widmung:

„Zum Geburtstag, wie zum gemeinsamen Ende der Schulzeit, Dir, lieber Thomas, mit dem Wunsch, dass auch weiterhin unsere Wege sich verschlingen, wie die Fährten des Katers Murr mit den Pfaden des Kapellmeisters Kreisler, nur bewusster und glücklicher. "

Von Nikolaus liegt mir eine handschriftliche und mit einigen Aquarellen versehene Kopie eines Märchens von Hermann Hesse („Iris") vor, das in sehr lyrischer Form die Schönheiten der Blumen beschreibt und die traurige Geschichte einer unerfüllten Liebe erzählt.

Beides nicht gerade anarchistische Geschenke.

Diether war der Sohn eines Professors der Zahnmedizin, der, wie bis zum Mauerbau häufig, in Westberlin wohnte, aber an der Ostberliner Charité lehrte. Diether wohnte mit drei Schwestern in einem verwunschenen Haus im hintersten Wannsee.

Ich erlebte ihn an meinem ersten oder zweiten Berliner Schultag nach meiner Übersiedlung aus Niedersachsen. Wir hatten Physik bei einem etwas hilflosen, wenig durchsetzungsfähigen Lehrer. Mitten in der Stunde stand ein eher schmächtiger, aber sehr agiler Junge auf, ging nach vorne, wo ein Papierkorb stand, und begann, eine Apfelsine zu schälen. Der Lehrer starrte ihn etwas fassungslos an. Darauf fragte der Junge, es war Diether,: *„Was is, wolln Sie was abhaben?"*

Das hätte an meinem strengen Jungengymnasium in Lüneburg keiner gewagt. Diether war auch sonst ein eigenwilliger Schüler. Eigentlich interessierte ihn nur Alte Geschichte, vielleicht noch Kunstgeschichte und Philosophie. Er las in den übrigen Unterrichtsstunden gerne historische Fachbücher unter der Bank. Durch die besondere berufliche Position seines Vaters hatte er als einer der wenigen Westberliner die Möglichkeit, bis zum Bau der Mauer über die Glienicker Brücke in die DDR fahren zu können. Er hielt uns in der Schule gelegentlich Vorträge über die Schönheiten der Dome von Magdeburg, Halberstadt und Quedlinburg.

Nach dem Bau der Mauer verlor sein Vater seine Position an der Charité und widmete sich fortan in Westberlin der Geschichte der Zahnheilkunde.

Diether hatte ein besonderes, aber wohl eher philosophisches Interesse an Religion. Ich erinnere mich an eine Klassenfahrt ins Weserbergland, bei der wir einige alte Kirchen besichtigten. Diether suchte zielstrebig in einer großen alten Bibel, die auf dem Altar lag, und rief uns leise zu sich. Er hatte ein Bibelzitat entdeckt, das in unseren einfachen Bibeln nie zu finden war. Tobias 6, Vers 3. Das pflegte unser Griechischlehrer regelmäßig zu zitieren, wenn jemand gähnte. Es lautet: *„Oh Herr, er will mich fressen!"*

Nikolaus, genannt Niki, war lang und schlaksig, mit wilden Haaren und nicht immer zu einander passenden Kleidungsstücken. Er kam oft zu spät in die Schule, war verträumt und fehlte immer mal wieder wegen eines Magenleidens. Sein Vater, Spross eines alten oberschlesischen Adelsgeschlechtes, war zeitweilig FDP-Stadtrat in Zehlendorf. Niki hatte noch vier Geschwister, die alle sehr musikalisch waren. Er selbst spielte wie der Teufel Geige und war zu seiner Zeit der beste Geiger an der Schule. Seine ganze unkonventionelle Art spiegelt sich in einer Eintragung in meinem Tagebuch. Wir waren in einem Konzert des Radio-Sinfonie-Orchesters Berlin im September 1956, zu dem ich mir einen schwarzen Anzug, einen Schlips und gute Schuhe von meinem Freund Jürgen geborgt hatte, da mein Naturburschen-Outfit wohl nicht mehr angemessen war.

Niki dagegen „...*in üblicher genialer Großzügigkeit: Kommt eine halbe Stunde zu spät, da auf dem Fahrrad von Verkehrspolizisten angehalten. Merkt an der Kasse, dass er seine Karte verbummelt hat. Bekommt vom Kassenmenschen aufgrund seiner freundschaftlichen Beziehungen eine geschenkt. Dabei erscheint er im blauen Anzug mit weißem Hemd, ohne Schlips, der Kragen steht meilenweit offen, so dass das Turnhemd hervorsieht. An den Füßen hat er weiße Socken und offene Riemensandalen. Ich hätte Hemmungen, so ins Konzert zu gehen. Aber ihn stört das wenig. Ich staune, woher der das Selbstbewusstsein hat, wo er doch oft Wochen im Krankenhaus verbringen muss wegen seiner Magengeschichte. Aber ein feiner Kerl ist er doch. Aus ihm wird hoffentlich mal ein großer Künstler.“*

Einmal, auf einer Klassenfahrt, wollte er unbedingt eine Wasserrutsche in einer Badeanstalt herunterrutschen, für die er eigentlich schon zu groß war. Das Ergebnis: ein angebrochener Rückenwirbel   Die Folge: monatelanger Krankenhaus-

Aufenthalt. Als er wieder auf den Beinen war, kaufte ihm sein Vater ein Moped, damit er sich schonte.

Dazu am 27.9. 1958 mein Tagebuch:

„Bin heute auf Nikis Moped gefahren. Es mag banal klingen: Es ist das erste Mal, dass ich ein Motorfahrzeug unter den Händen hatte. Zum ersten Mal dieses unheimlich verlockende Gefühl, sich nicht mit eigener Kraft, wohl aber nach eigenem Willen fortzubewegen. In dieser Diskrepanz zwischen Willens- und Kraftanspannung liegt wohl die ganze Fragwürdigkeit des Menschen, der eine Maschine steuert."

In der 13. Gymnasialklasse führten wir eine griechische Tragödie auf, „König Ödipus" von Sophokles. Niki spielte den blinden Seher Teiresias und wurde von einem professionellen Maskenbildner in einen uralten blinden Mann verwandelt, der durchaus Ähnlichkeiten mit seinem heutigen Erscheinungsbild hatte.

Im selben Jahr hatte ich für mich Dali entdeckt. Das Bild „Zerrinnende Zeit" mit den elastischen, zum Trocknen aufgehängten Uhren und dem Pferdekadaver mit Sattel im Vordergrund faszinierte mich besonders. Ich beschloss, in einer langweiligen Stunde in der Klasse eine Umfrage zu starten, indem ich eine Postkarte mit dem Bild und einen leeren Zettel mit der Bitte um Kommentare heimlich unter den Schultischen zirkulieren ließ.

Hier der Kommentar von Niki:

„ Das Bild bewirkt bei mir:zu Berge stehen aller Haare, morphologische Veränderung der Haut analog der Gänsehaut. Verziehung der Gesichtsmuskeln in alle Himmelsrichtungen"

Diether schrieb:

Beziehung zum Thema unklar. Seltsame Kreuzung von Stilleben und Landschaftsbild (von hier aus gut). Der Einfall mit den Uhren ist ganz nett, aber nicht ernst zu nehmen. Kein Ganzes, halb Spielerei, halb Kunstwerk, im Grunde gar nichts. Zu dumm, um aufzuregen."

Diether studierte nach dem Abitur Theologie, Philosophie und Geschichte, Niki ging an die Kölner Musikhochschule, um Geige zu studieren. Beider akademische Entwicklung zeigt gewisse Parallelen. So ging Diether nach seinem Examen in Göttingen nach Paris, wo er in die Anfänge der Pariser Studentenunruhen geriet. Er kam als Revolutionär zurück, um in Berlin-Schöneberg sein Vikariat anzutreten.

Ich traf ihn damals und er erzählte mir, wie er auf der Kanzel manchmal das Bedürfnis verspürte, zum Maschinengewehr zu greifen, um all die bigotten alten Weiber, sozusagen die Schöneberger „Wilmersdorfer Witwen", umzulegen. Das war keine gute Voraussetzung für eine pastorale Existenz und er verließ den Kirchendienst, nicht ohne vorher noch den Dr. theol. zu machen.

Niki flog nach vier Jahren, kurz vor seinem Examen, von der Hochschule, nachdem er ein Pamphlet verfasst hatte: „Über Musikerziehung und gegen die Philister." Er fühlte sich vom akademischen Musikbetrieb zunehmend abgestoßen und suchte mehr Freiheit. Mauricio Kagel verhalf ihm damals zu einem Stipendium in Buffalo /USA. Er verbrachte dort und später in San Diego insgesamt fünf Jahre und fiel in Kalifornien unter die Hippies. Er heiratete und bekam dort die ersten seiner insgesamt fünf Kinder. Nach seiner Rückkehr nach Deutschland lebte er zunächst in einer Kommune, später zog die Familie mit Trecker und Bauwagen durch die Lande. Schließlich wurde er Straßenmusiker in Köln.

All die Jahre hatte er uns erzählt, sein Vorname sei Nikolaus. Das aber war seine Erfindung. Er hieß immer nur Klaus und so ist er nun bekannt geworden als „Klaus der Geiger". Er hat seine Memoiren geschrieben und inzwischen auch seine Liedtexte veröffentlicht. Im Internet und auf vielen Schallplatten und CDs kann man seine Lieder und sein virtuoses Geigenspiel hören Er singt gegen den Krieg, gegen die Bonzen und Reichen, gegen Startbahnen, Atomraketen und Castor-Transporte mit einer Vitalität und Aggressivität, die all die früheren Zipperlein vergessen lassen. Das brachte ihm viele Begegnungen mit Polizei und Gerichten ein, die ihm aber seinen Humor und seine weise Lebensphilosophie nicht austreiben konnten.

Diether wurde auf dem Wege der kritischen Weltbetrachtung zu Dieter und entfaltete eine enorme Produktivität. Er hat über zwanzig Bücher geschrieben und unzählige Aufsätze, zur Architekturkritik und Stadtplanung, aber auch zu vielen philosophischen, musiktheoretischen und kulturkritischen Themen, hat stadtplanerische Gutachten verfasst in Berlin, Wien, Kassel und Wittenberge, hat mit dem Senatsbaudirektor Hans Stimmann gekämpft für das „Planwerk Innenstadt" und für die Berliner Traufhöhe. In zahlreichen Zeitungsartikeln hat er sich kritisch mit der Berliner Stadtplanung auseinander gesetzt. 2006 erhielt er dafür das Bundesverdienstkreuz. Ein Hauch von Revolution, Unabhängigkeit und Anarchie klingt aber noch an, wenn er in seinem Lebenslauf trotzig betont:
„Mitglied keiner Akademie, wissenschaftlichen Gesellschaft, Partei, Kammer, keines Verbandes oder Stiftungsbeirats."

Bei einem Treffen zum 50jährigen Abitur hat er uns Klassenkameraden kürzlich auf einem Spaziergang geduldig und engagiert die Erfolge und Niederlagen bei der Neugestaltung der Berliner Mitte erklärt.

Roland Schröter
(1927 -1990)

Von allen meinen Lehrern am Berliner Arndt-Gymnasium war mir Roland Schröter der wichtigste und sympathischste. Das sah anfangs ganz anders aus. Als er mich nach meinem Umzug nach Berlin im Februar 1955 auf der großen Schultreppe in Empfang nahm, um mich in die Klasse zu führen, bekam ich einen Schreck. Er war kräftig und muskulös, mit einer Boxernase und tief sitzenden Brauen, kurz, er verkörperte für mich das Bild eines brutalen Menschen. Mir fiel eine Geschichte ein, die ich gerade in „Reader's Digest" gelesen hatte, von der rabiaten und aggressiven Schulklasse in der Bronx, die schon mehrere Lehrer verprügelt hatte, bis die verzweifelte Schulleitung ihnen einen Ex-Mariner schickte, der Lehrer geworden war. Der bekam die Klasse erst in den Griff, als er sich vor der Schultafel, mit dem Rücken zur Klasse, sein Hemd auszog und wortlos seine Rückenmuskeln spielen ließ, auf denen eine ganze Seeschlacht eintätowiert war. Ich wartete darauf, dass sich Schröter vor der Klasse sein Hemd auszog, aber das tat der nicht, obwohl er selbst im Krieg bei der Marine gewesen war.

Später lernte ich, dass er einer der einfühlsamsten und sensibelsten Lehrer der Schule war. Er war ein ernsthafter Mensch, lachte wenig und verzichtete auf pädagogische Schauspielerei und Tricks. Er konnte zuhören und nahm uns ernst. Er war nur noch wenige Wochen bis zum Ende des Schuljahres mein Klassenlehrer, aber hat mich dann noch mehrere Jahre in Deutsch unterrichtet. Er war politisch sehr interessiert. Lange glaubten wir, er wäre in der FDP, bis er uns gestand, dass er in die SPD eingetreten war, was für unsere überwiegend konservative

Schule eher ungewöhnlich war. Er hatte es deswegen dort auch nicht leicht.

Mein Klassenkamerad Klaus von Wrochem („Klaus der Geiger") hat ihm in seinen Memoiren ein eindrucksvolles Denkmal gesetzt:

„Nur hin und wieder gab es mal einen guten Lehrer, auf den ich dann allerdings auch abgefahren bin. Zum Beispiel Herrn Schröter, ein Deutschlehrer. Er war relativ streng, sehr sachlich, lachte nie, war aber gerecht. Er kam eines Tages mit dem berühmten Pamphlet von Albert Schweitzer gegen die Atombombentests an und brachte es fertig, dass sich die ganze Klasse monatelang enthusiastisch mit der Auf- und Ausarbeitung dieses Themas befasste, durch Quellenstudium und mit der Vorbereitung von Vorträgen (ich hatte das Spezialgebiet der Alpha-Beta-Gamma-Strahlen übernommen), und er setzte es in der Lehrerkonferenz durch, dass die ganze Schule sich eines Morgens in der Aula zu versammeln hatte, um sich unsere Vorträge anzuhören. Aber wir wurden von seinen Lehrer-Kollegen gnadenlos zerrissen und zerpflückt: Sie wollten ihm und uns eins auswischen, indem sie als Lehrer uns Schüler und besonders mir nachwiesen, wie unwissenschaftlich und unprofessionell unsere Vorträge seien, dass die amerikanischen und russischen Atombombenbauer die Risiken korrekt einkalkuliert hätten, dass von jeder Armbanduhr mehr radioaktive Verseuchung ausginge als von den A-Bombentests, und dass wir doch lieber lateinische Vokabeln büffeln sollten als unreifes Revolutionsgestammel zu verfassen. Da saßen wir dann mit hochroten Köpfen, der röteste natürlich der unseres geliebten Lehrers, der die Blamage nicht überwinden konnte. Er hat sich bald an eine andere Schule versetzen lassen. Dieser Lehrer war der einzige Lichtblick meiner Schulzeit."

Ich erinnere mich genau an diese Episode im Frühjahr 1958. Schröter hatte übrigens nicht nur Albert Schweitzer angeführt, sondern auch die Schrift des von ihm sehr verehrten Karl Jaspers: „*Die Atombombe und die Zukunft des Menschen*"

Wie naiv wir an das Thema herangingen, zeigt folgende Begebenheit. Gleich hinter unserer Schule, in der Gelfert-Straße, befand sich die Sommerresidenz des japanischen Generalkonsuls, eine vornehme Villa mit Park. Eines Tages beschlossen einige Mitschüler und ich, dort an der Pforte zu klingeln. Wir wollten den Konsul sprechen. Es meldete sich der Pförtner und fragte nach unserem Begehr. Wir hätten gern Material über Hiroshima und Nagasaki. Der Pförtner bedauerte, der Herr Konsul sei nicht zu Hause und er könne uns nicht weiter helfen. So unterblieb leider die weitere Bearbeitung dieses Themas.

Schröter wurde später stellvertretender Leiter der Neuköllner Fritz-Karsen-Schule, einer Reformschule und ältesten staatlichen Gesamtschule Deutschlands. Zuletzt war er Stadtrat für Volksbildung und stellvertretender Bezirksbürgermeister von Steglitz.

Im Dezember 1957 starb in Berlin der legendäre Führer der Deutschen Jungenschaft (dj.1.11.), Karl Heinz („kahei") Exner. Er war als leidenschaftlicher Motorradfahrer auf der Transitstrecke nach Hamburg bei der Kollison mit einem betrunkenen russischen Militär-LKW-Fahrer zu Tode gekommen. Obwohl ich nicht seiner Gruppierung angehörte, und ihn persönlich nicht kannte, sahen wir es als Angehörige der Jugendbewegung doch als unsere Ehrenpflicht an, bei seiner Beerdigung dabei zu sein. Sie fand an einem Vormittag in Steglitz statt. Wir mussten dazu die Schule schwänzen. Zu unserm Schrecken entdeckten wir unter den Trauergästen unseren Deutschlehrer Roland Schröter. Er hat uns aber nicht verpfiffen und uns später erzählt, dass er mit Kahei Exner seit der Schulzeit befreundet war und mit ihm zusammen in der Kinderlandverschickung war. Diese

Geschichte erhöhte noch das Ansehen, das Schröter bei uns genoss.

Einmal während einer großen Berliner Anti-Vietnamkriegs-Demonstration über den Kurfürstendamm, an der ich teilnahm, sah ich ihn plötzlich am Straßenrand stehen. Ich schwenkte kurz aus dem Demonstrationszug, um ihn zu begrüßen und meiner Verwunderung Ausdruck zu geben, ihn hier zu treffen. Er winkte ab und meinte, es sei doch richtig, gegen den Vietnamkrieg zu demonstrieren, nur könne er leider in seiner beruflichen Position daran nicht mehr aktiv teilnehmen.

Er gehörte zu den zwei Lehrern, die wir nach Ende unserer Schulzeit in unsere „garage du midi" einluden (s. Kapitel Peter Rohland), wo er uns von einer Israelreise mit Schülern des Arndtgymnasiums erzählte.

Wie viele seiner Generation, die noch Kriegsteilnehmer gewesen waren, hatte er bei aller fortschrittlichen Gesinnung später Probleme mit den 68ern. Als Stadtrat geriet er in so manchen Clinch mit aufmüpfigen Lehrern und der GEW. Er galt später als Vertreter des rechten Flügels der SPD. Für uns blieb er immer ein Vorbild.

Nachdruck in Dahlemer Blätter- Aus der Arndt-Schule – 87, 89-91, 2012

Rainer Hildebrandt
(1914 - 2004)

Ich lernte Julian bei meinem Pfadfinderbruder Hansi E. kennen. Er wohnte mit ihm im selben Haus am Schlachtensee. Julian hatte von uns gehört und überlegte, ob er auch zu den Pfadfindern geht. Mein Tagebuch verzeichnet im Oktober 1955 folgenden Dialog:

„Sind Sie auch bei den Pfadfindern?" „Ja, aber Du kannst ruhig Du zu mir sagen." „Sind Sie Thomas Lennert?" „Ja, der bin ich." „Kann man da auch mal hinkommen?" „Ja, klar! Und wenn es Dir gefällt, kannst Du auch bleiben." „Wird man da auch nicht verhauen?" „Wie kommst Du denn da drauf?" „Ja, der Hansi hat mir erzählt, da wird man verhauen und gefesselt." „Tja, wenn Du jemand verhaust, verhaut er Dich auch wieder!" „Ach nee, dann will ich doch lieber nicht kommen!"

Er blieb bei seinem Entschluss, aber aus irgendeinem Grund wurde ich noch zu seinem Geburtstag eingeladen. Er war ein Sohn von Rainer Hildebrandt, dem Widerstandskämpfer im Dritten Reich, nach dem Krieg Gründer der „Kampfgruppe gegen Unmenschlichkeit", von denen manchmal nachts, bei entsprechender Wetterlage, riesige Ballons über die Schlachtenseer Gärten schwebten, und wenn sie zerplatzten, Unmengen von antikommunistischen Flugblättern verstreuten. Hildebrandt hat dann später das Mauer-Museum am Checkpoint Charlie gegründet und bis zu seinem Tod 2004 betreut.

So fand ich mich plötzlich nach einer Kuchenschlacht in einer Kissenschlacht mit dem gutmütigen Rainer Hildebrandt, der aber leidenschaftlich glühende Augen hatte. Da die anderen Geburtstagsgäste deutlich jünger waren als ich, zog ich mich irgendwann zurück, um ein langes Gespräch mit dem Hausherren zu führen. Er war damals schon für die DDR-Führung der bestgehasste Mann in Berlin. Dreimal hatte die Stasi versucht, ihn zu entführen. Er kam gerade von einem Ski-Urlaub in den Alpen zurück. Bei einem Unwetter war er an eine herabstürzende Starkstromleitung geraten und musste mit Stromverletzungen ins Krankenhaus. Die DDR-Presse hatte schon frohlockend seinen Tod gemeldet. Aber er saß lebend und munter vor mir. Zum Abschied schenkte er mir zwei Drucksachen: Seine Denkschrift vom Januar 1954: „Was lehrte der 17. Juni?" und ein kleines blaues Heftchen mit dem Titel „130 Jahre Zuchthaus", das in bewegenden, jugendgerechten Worten das Schicksal der 19 Oberschüler aus Werdau in Sachsen beschrieb, die 1951 wegen Verteilens regimekritischer Flugblätter zu insgesamt 130 Jahren Zuchthaus verurteilt worden waren.

Da ich gerade mit großer Begeisterung Inge Aicher-Scholls Buch über die „Weiße Rose" gelesen hatte, sah ich in dem Heft eine deutliche Parallele und diskutierte darüber mit meinen Freunden. Wie wir heute aus dem Buch eines der verurteilten Oberschüler[10] wissen, war tatsächlich die Beschäftigung mit der „Weißen Rose", deren Mitglieder 1950 in der DDR offiziell als Widerstandskämpfer gefeiert wurden, der Auslöser für die Flugblattaktionen der Schüler. Bei einer Freizeitwoche meiner Dahlemer Schulklasse im Januar 1956 im „Wannseeheim für Jugendarbeit" hat uns dann der dortige Leiter, der sehr besonnene Hermann Berger, vorsichtig auf die Unterschiede hingewiesen und die Gefahr angesprochen, dass Jugendliche in der DDR von verantwortungslosen Erwachsenen im Westen zu Dingen verführt werden könnten, deren bittere Folgen sie dann allein tragen müssten.

---

[10] Achim Beyer: „130 Jahre Zuchthaus" Evang. Verlagsanstalt, 2003

Der Besuch bei Hildebrandts, der mit einer abenteuerlichen Fahrt in seinem uralten Wagen endete, in dem ich als Beifahrer verschiedene Hebel bedienen musste, hatte noch eine andere amüsante Folge. Die Mutter des späteren Politologen Arnulf Baring war eine Schulfreundin meiner Mutter und die Damen trafen sich in Berlin gelegentlich zum Kränzchen. Dabei erwähnte meine Mutter meinen Besuch bei Hildebrandt, was dazu führte, dass Arnulf Baring, der gerade über den 17. Juni arbeitete, von mir die Adresse und Telefonnummer von Rainer Hildebrandt erbat.

Wolfgang Tismer

Aus dem Nebel meiner Erinnerungen an die Berliner Pfadfinderzeit ragt eine Lichtgestalt hervor: Wolfgang Tismer. Ihm verdanke ich die einzige Motorradfahrt durch halb Westberlin, wenn auch auf dem Rücksitz.

Er war Student der Wirtschaftswissenschaften und Führer unseres Horstes „Schwarzer Drache". Die Pfadfinder gliederten sich ja (von unten nach oben) in Sippe, Trupp, Stamm, Horst und Landesmark.

Wolfgang war ein sehr besonnener, überzeugender Pfadfinderführer mit festem Händedruck und klarem Blick.

Mich hatte man praktisch über Nacht zum Sippenführer gemacht, weil mein Vorgänger, Peter Rolf Ackermann, heute ein bekannter Berliner Anwalt, zum Schüleraustausch nach Amerika ging. Als er wiederkam, war er so amerikanisiert, dass er mit den deutschen Pfadfindern, die stark „bündisch" geprägt waren, nichts mehr anfangen konnte.

Meine Sippe hieß „Die Büffel" und tagte zunächst in einem Kellerraum eines Privathauses in Nikolassee. Als wir dort raus mussten, bekamen wir einen Heimraum im ehemaligen Rathaus Wannsee, das vom Bezirk als Jugendzentrum eingerichtet worden war. Unseren Raum schmückte ein alter Büffelschädel, der an der Wand hing. Bei einer Toberei fiel er krachend zu Boden und zerbrach in tausend Stücke. Betretenes Schweigen. Wo sollte man in Berlin einen Büffelkopf her bekommen?

Wolfgang wusste Rat. Eines Tages kam er mit dem Motorrad vorbei und forderte mich auf, auf dem Rücksitz Platz zu nehmen. Es war der 20.12.1955. Ich zitiere aus meinem Tagebuch:

Ich fragte, wohin es denn ginge. „Nur noch mal kurz nach Kreuzberg," war die Antwort. Ich musste als Neu-Berliner zuerst einmal überlegen, wo Kreuzberg überhaupt liegt. Alles, was ich wusste, war, dass es noch ein ganzes Stück hinter Friedenau sein musste. Also gut. Wir brausten los.

Langsam wurde es kälter und Wolfgang immer schneller. Ich musste immer abwechselnd Zehengymnastik und krampfhafte Haltebewegungen ausführen. Wolfgang fluchte natürlich auf die bösen Autofahrer. Da, den Lieferwagen hätten wir ja beinahe mitgenommen. „Halt Dich man gut fest!" Ich versuchte mir auszureden, dass ich Angst hätte. Nein, so was sind wir ja gewohnt! Bequem hänge ich auf dem Sozius. Plötzlich wieder Kopfsteinpflaster. „Verd...., mein Hinterteil!" Halbbekannte Straßennamen tauchen auf: Hauptstraße, Dominicusstraße, Großgörschenstraße. In einer unbelebten Seitenstraße halten wir an. Ich sehe nur Ruinen, Staub, Schrott. „Sieh Dich mal ein bisschen um!" Ach so, eine Schrotthandlung.. „Sieh mal dort hinauf!" Was denn, nur alte Eimer, Papier, Wellblech. Aber nein, was ist denn das? Ich erkenne einen riesigen Büffelschädel. Uralt, verstaubt, knorrig. "Wär das nicht was für Euren Heimraum? Wo Ihr doch den alten kaputt gekriegt habt." Ich sehe und staune. Schwer und steif heben wir uns von der Maschine. Ein kleiner Büroraum, von einem Kanonenofen erwärmt. Drei alte, bärtige Männer. „Wir sind von den Pfadfindern. Sie wissen schon, den Büffelschädel, Ihren Talismann, wollen wir holen." Langsam erhebt sich einer, stapft mit uns hinaus, klettert auf den Stapel von Brettern, Eisenteilen, Papierfetzen. „Hier ist er. Wollen Sie den etwa auf dem Motorrad mitnehmen?" Er ist doch schwerer, als Wolfgang gedacht hatte, „Dann müssen wir ihn später abholen." Wieder in der Bude, steckt der Mann zufrieden den Zehnmarkschein ein. „Es ist ein alter Wasserbüffel. Er hing mal in einer Gastwirtschaft."

Nun gehörte er uns, den Büffeln! Übermütig schwinge ich mich auf den Sozius, klappe die Ohrenschützer über und vergrabe mich hinter Wolfgangs breitem Rücken. Ab geht's. Wieder brausen wir durch die Stadt..."

Der Transport musste dann mit der U-Bahn stattfinden, der berühmten „Linie 1" Mein Bruder Stefan half mir dabei. Weil der Ausstieg immer wieder wechselte, mussten wir mit dem Schädel ständig die Seiten wechseln, unter neugierigen und spöttischen Kommentaren der Mitreisenden. Der Schädel hat dann noch viele Jahre im Heim gehangen, bis die Büffel und der Stamm Wannsee sich auflösten.

Pfadfinder passten dann irgendwann nicht mehr in die Zeit.

Peter Rohland
(1933-1966)

Es genügen bis heute einige Takte mit seiner sonoren Stimme und sofort kommt mir wieder diese Aufbruchsstimmung der 60er Jahre in den Sinn, die Zeit der beginnenden Folklore-Bewegung in Deutschland, die Peter Rohland angestoßen hatte. Es war die Zeit der Anfänge von Franz Josef Degenhardt, Hannes Wader, Reinhard Mey, Hein und Oss Kröher, Walter Mossmann und vielen anderen.

Auf der Burg Waldeck trafen sich alle, auch Dieter Süverkrüp, dessen Lieder zur französischen Revolution schon länger bekannt waren, und der geniale Spötter Hanns Dieter Hüsch, dazu viele Ausländer wie Colin Wilkie und Shirley Hart.

Schobert Schulz, genannt Bobby, der später mit Lothar „Black" Lechleiter als „Schobert und Black" bekannt wurde, war zunächst mit Reinhard Mey und einem weiteren Freund mit französischen Chansons und eigenen Balladen als *„Les trois affamés"* (Die drei Verhungerten) durch Frankreich gezogen, bevor er sich mit Peter Rohland zusammen tat und die „Landstreicherballaden" und die „Lieder deutscher Demokraten" musikalisch begleitete. Katja Ebstein sang als junges Mädchen mit einer Freundin als „Die Nachtigallen aus Kreuzberg" schauerlich-schöne Karawanenlieder und krabbelte auf der Waldeck Degenhardt auf den Schoß, um ihre Karriere zu beschleunigen.

Ich lernte Pitter, wie er sich nannte, Anfang der 60er Jahre in Berlin kennen, wo er nach dem Abbruch seines Jurastudiums begonnen hatte, öffentlich als Sänger aufzutreten, zunächst mit dem Repertoire aus der Bündischen Jugend, das aber bald anspruchsvoller wurde. Er entdeckte in Archiven die Lieder der 48er Revolution, die jiddischen Lieder aus dem Osten und aus

Abb. 5: Peter Rohland

(im Hintergrund Gesine Köhler)

der Zeit der Partisanenkämpfe gegen die Nazis. Dann auch die Lieder des Francois Villon und die Landstreicherballaden, die Pitter auf vielen Straßen bis nach Bagdad aufgelesen hatte.

Er war ein äußerst liebenswürdiger Mensch mit einem ansteckenden Lachen, der schon in einer Art Wohngemeinschaft in Dahlem lebte, ehe dies unter den Studenten Mode wurde.

Mein Freund Jürgen Köhler und ich hatten 1961 als Studenten in einer unbenutzten Garage in Zehlendorf einen Kulturkeller, die „garage du midi" gegründet, in der wir Lyrik-Lesungen, literarische und politische Diskussionen, Kunstausstellungen, kleine Konzerte und sogar ein Puppenspiel organisierten. Peter Rohland war ein regelmäßiger Gast. Zusammen mit Jürgens

Freundin und späterer Ehefrau Gesine (Gesang) und meinem Mitstudenten Hanno Botsch (Geige) bereiteten sie dort das jiddische Programm vor, das am 8. März 1963 in Berlin uraufgeführt wurde.

Eine zentrale Figur im Garagenleben war Otto (Horst) Jägersberg, der damals eine Buchhändlerlehre in der Buchhandlung Marga Schoeller am Kurfürstendamm machte. Er hatte als junger Mann einen erfolgreichen Roman „Weihrauch und Pumpernickel – ein westphälisches Sittenbild" über seine münstersche Heimat geschrieben und las uns gerne satirische und expressionistische Gedichte vor. Der Wiener Dichter H.C. Artmann hat ihm 1964 in seinen Aufzeichnungen *„Das suchen nach dem gestrigen tag oder schnee auf einem heißen brotwecken"* ein literarisches Denkmal gesetzt:

„In der türkischen kneipe des herrn Osman treffe ich den jungen Jägersberg. Man kann ihn bereits zwei straßen weiter weg hören. Er schwadroniert mit gewaltiger lautstärke und schwelgt im dritten reisfleisch. Nanu, Jägersberg, du bist ja wieder mal reich?

Reich? Was sind das für untertreibungen? Ich habe das königreich Westphalen übernommen und beute meine untertanen aus! Müfti, zwo bier für den Artmann, der kommt aus dem ausland und hat deshalb verständlicherweise einen fürchterlichen brand!"

Müfti war der Wirt eines der ersten türkischen Restaurants in Westberlin, dem „Istambul" in der Knesebeckstraße, gleich um die Ecke von Jägersbergs Arbeitsplatz. Er hat uns dort eingeführt und Müfti hat uns zusammen mit seiner ganzen Familie köstlich bekocht, bis ein Wasserrohrbruch seinen finanziellen Ruin bewirkte. Ein reicher Landsmann hat dann das Lokal übernommen, die Preise erhöht und Bauchtänze ins Programm aufgenommen..

Jägersberg schleppte viele seiner Dichterfreunde in die „garage" (Karl Heinz Herwig, Karl Heinz Schröter, Klaus M. Rarisch, Stephan Reisner) und den Verleger Wolfgang Fietkau. Einmal kam auch Peter O. Chotjewitz

1963 heirateten Jürgen und Gesine Köhler. Peter Rohland schlug einen Brautraub vor, der generalstabsmäßig vorbereitet wurde. Ohne, dass wir das wussten, hatte Pitter eine heimliche Spaltung der Räuber beschlossen, die versuchten, sich gegenseitig auszuschalten. Das führte dazu, dass mein Freund und Kommilitone Walter Zinser, genannt sken, mich von zu Hause entführte und mich, gefesselt und mit einem Sack über dem Kopf im offenen alten Wehrmachts-Kübelwagen durch Berlin fuhr, was anscheinend niemanden störte, und mich in Pitters Wohnung in Dahlem einsperrte. Erst spät konnte ich mich befreien und es kam dann zu einem gewaltigen show down der beiden Räuberfraktionen im Treppenhaus von Gesines Wohnung, so dass erschreckte Mieter die Polizei riefen. Die geraubte und heil zurück gebrachte Braut konnte sie beruhigen und mit einem Stück Kuchen zogen die Polizisten friedlich wieder ab.

Es war in dieser Zeit, dass der faszinierende Schotte Colin Wilkie ein neues Lied geschrieben hatte, das bald eines seiner bekanntesten werden sollte: „*One more city, one more town...*" Er brachte es mit nach Berlin und fürchtete, dass es ihm jemand stehlen könnte, bevor er es bei seinem Agenten registrieren konnte. Es stellte sich heraus, dass Colin keine Noten lesen konnte. Also hockten wir uns mit ihm und einer Gitarre in Köhlers Wohnzimmer, um die Melodie zu Papier zu bringen und den Text aufzuschreiben. „*Tom, kannst Du das, bis ich wieder in Berlin bin, in Deinem Banksafe aufbewahren?*" Ich sagte ja, obwohl ich gar keinen Safe hatte. Eine Rückfrage bei der Deutschen Bank, Filiale Schlachtensee, ergab so hohe Mietkosten. dass ich überlegte, ob nicht meine häusliche Schreibtischschublade sicher genug sei, da niemand dort nach einem Song von Colin Wilkie suchen würde. Als ich Colin nach seiner Rückkehr den Umschlag überreichen wollte, winkte er lachend ab. Das Lied war längst sicher registriert. Es ist dann später noch oft von anderen gesungen worden, so auf Deutsch von Hannes Wader.

Als ich selber 1965 in Köln heiratete, beschlossen wir, auf unserer Hochzeitsreise nach Italien einen Abstecher auf die Burg Waldeck zu machen, wo sich Pitter gerade aufhielt. Wir fanden ihn und erzählten ihm von der Hochzeit. Als er erfuhr, dass wir uns hatten kirchlich trauen lassen, meinte er ganz erstaunt „*Ich wusste ja gar nicht, Tom, dass Du noch so ein Herrgottswinkelchen hast*!" Wir schenkten ihm zum Abschied eine Rose aus dem Brautstrauß.

Sechs Monate später war Peter Rohland tot, gestorben an einer plötzlichen Hirnblutung. Wir standen verstört an einem sonnigen Apriltag 1966 zur Beerdigung an seinem Grab in Göppingen. Sein langjähriger Freund Fred Kottek, mit dem er bis nach Bagdad getrampt war, hielt eine eindrucksvolle Grabrede.

Leo Regener
(1900-1975)

Den ganzen Tag war ich durch Worpswede gewandert im Spät-
sommer 1959, auf den Spuren von Rilke, Modersohn-Becker
und Vogeler.

Auf einer grünen Wiese machte ich Rast. Mein Blick fiel auf
eine alte Dame mit riesigem Strohhut, die dort in einem Rollstuhl saß und in die Sonne blinzelte. Als sie mich entdeckte,
winkte sie mich heran. *„Junger Mann, könnten Sie mich wohl
mal ins Haus schieben?"* Das Haus war das legendäre „Haus
im Schluh" und die alte Dame war niemand anderes als Martha,
die erste Frau von Heinrich Vogeler. Sie bot mir eine Tasse Tee
an und wir kamen ins Gespräch. Sie erzählte von den Jahren im
Barkenhoff, wo Vogeler von einem sensiblen Jugendstilmaler
zum linken Revolutionär wurde, der sie schließlich verließ und
nach Moskau ging. Später, im Krieg, wurde er als Deutscher
nach Kasachstan evakuiert, wo er elendig verhungert ist. Als
Martha erfuhr, dass ich aus Berlin kam, wurde sie ganz lebhaft.
*„Sie müssen unbedingt unseren alten Freund Leo Regener in
Ostberlin besuchen, der mit uns auf dem Barkenhoff gelebt
hat."* Sie gab mir seine Adresse.

Es wurde November, bis ich Leo Regener in seinem Büro traf.
Er war Direktor der Pädagogischen Zentralbibliothek der DDR
in der Universitätsstraße, zwischen Humboldt-Universität und
Staatsbibliothek. Sein Büro war winzig und lag im Souterrain,
nicht gerade repräsentativ.

Auch Regener wirkte auf mich etwas unscheinbar und grau,
aber er war sehr offen und freundlich. Es schien mir, als habe
die Partei, der er ein Leben lang treu gedient hatte, ihn abge-
schoben auf einen wenig einflussreichen Posten. Als 19jähriger

war er zu Vogeler auf den Barkenhoff gekommen und hatte dort einige Zeit gelebt und gearbeitet.

Später las ich seine Erinnerungen, die er für den Katalog einer Ausstellung zum 100. Geburtstag Vogelers 1972, die die Akademie der Künste der DDR unter Konrad Wolf eingerichtet hatte, niedergeschrieben hatte. Seine letzte Erinnerung an Vogeler war eine Sendung von Radio Moskau, die Regener im Juli 1941 heimlich auf einem Dachboden in der Charlottenburger Goethestraße abhörte, in der auf einmal die Stimme Vogelers ertönte, der für den Frieden warb. Ein Jahr später war er tot.

Ich sprach mit Regener auch über Literatur. Er empfahl mir, unbedingt drei wichtige Bücher zu lesen, Johannes R. Becher: „Abschied", Oskar Maria Graf: „Wir sind Gefangene" und Wolfgang Koeppen: „Tauben im Gras". Den „Becher" habe ich mir dann gleich in Ostberlin besorgt und mit großer Begeisterung gelesen. Es war ja die Zeit des Kalten Krieges, in der man in Westberlin nur von „Johannes Erbrecher" sprach, der die DDR-Hymne „verbrochen" hatte. Dass er kein kommunistischer Politruk war, sondern einmal ein begabter expressionistischer Schriftsteller, der aus sehr bürgerlichen Kreisen in München stammte, war mir damals überhaupt nicht bekannt. Das Buch beschreibt auf eindringliche Weise seine langsame Abwendung vom Bürgertum und seine Hinwendung zum Proletariat in der Weimarer Republik.

Oskar Maria Grafs Buch, seine Autobiographie zwischen 1905 und 1918 in Bayern, war ebenfalls damals im Westen wenig bekannt, obwohl der Autor ein wichtiger deutscher Exilautor war, der in Amerika lebte. Einmal kam er sogar nach Berlin, in die Westberliner Akademie der Künste, wo ich ihn sehen konnte in seiner legendären Lederhose.

Wie ich von dem Göttinger Germanisten und Exilforscher Frank Möbus erfuhr, glaubte Graf im Wiener Exil anfangs aufgrund einer unvollständig kopierten „Schwarzen Liste" der

Nazis, dass von seinen Werken nur „Wir sind Gefangene" für die Bücherverbrennung vorgesehen war. Er verfasste daraufhin im Mai 1933 in der Wiener Arbeiterzeitung einen empörten Aufruf „Verbrennt mich!", in dem er forderte, dass auch seine übrigen Werke die Ehre verdient hätten, verbrannt zu werden. Brecht hat den Vorgang in seinem Gedicht „Bücherverbrennung" (Svendborger Gedichte) verarbeitet. Nachdem die Liste korrigiert worden war, fand 1934 im Innenhof der Münchener Universität eine eigens für Grafs Werke angesetzte Verbrennung seiner restlichen Bücher statt.

Wolfgang Koeppens Roman beschrieb die bundesdeutsche Gesellschaft kurz nach dem Zweiten Weltkrieg.

Insgesamt wurde die Begegnung mit Regener für mich eine der letzten Möglichkeiten vor dem Bau der Berliner Mauer, so etwas wie eine gesamtdeutsche Literaturtradition zu erleben.

Martha Vogeler starb 1961, Leo Regener 1975.

Man sollte sich öfters auf grüne Wiesen setzen!

Happy Birthday, "Dagobert"[11]

Lieber "Dagobert",

mit Freude habe ich dem "Tagesspiegel" entnommen, dass wir Sie in unserem erlauchten Kreise der am 14. März Geborenen begrüßen dürfen. Wir sind Ihnen dankbar, dass Sie vor Gericht darauf hingewiesen haben, dass auch Albert Einstein einer von uns war. Sie sehen darin sogar einen Zusammenhang mit Ihrer gutachterlich attestierten hohen Intelligenz. Auch ich habe das immer als Verpflichtung empfunden, wenn ich auch an Ihren hohen Intelligenzquotienten, vor allem in praktischen Bereichen, nicht heranreiche. Einstein war übrigens lange ein verkanntes Genie und hatte, wie Sie, viele Neider und Feinde.

Was Sie vor Gericht, vielleicht auf Anraten Ihres Anwaltes, verschwiegen haben, ist die Tatsache, dass am 14. März Karl Marx gestorben ist. Ich weiß das schon seit meiner Kindheit, weil mir meine Oma aus dem Osten Weihnachten immer einen Kalender geschickt hat. Nur wusste ich lange nicht, wer dieser Karl Marx war. Könnte das für uns auch eine Bedeutung haben? Wird man uns vielleicht noch den Niedergang des Sozialismus in die Schuhe schieben?

Allen derzeitigen widrigen Umständen zum Trotz wünsche ich Ihnen - und uns - alles Gute zum Geburtstag.

Von Fisch zu Fisch!   *Ihr Thomas Lennert*

Darauf der Tagesspiegel am. 14.3. 1995:

---

[11] Phantasievoller Berliner Erpresser, eigentlich Arno Funke

Das Urteil kommt zum Geburtstag

„*In seinen Gesprächen mit den Gutachtern hatte Funke darauf hingewiesen, dass er am gleichen Tag Geburtstag habe wie auch der Physiker Albert Einstein. Dies nahm ein Leser, der gleichfalls heute seinen Geburtstag feiert, zum Anlass, auf den heutigen Todestag von Karl Marx zu verweisen. Die Frage des Lesers, ob deswegen nun allen am 14. März Geborenen der „Niedergang des Sozialismus" in die Schuhe geschoben werde, muss an dieser Stelle unbeantwortet bleiben.*"

Heinz, der Maurer

Das Haus, in dem wir in Berlin wohnen, hat schon einiges hinter sich. Es wurde 1888, im Drei-Kaiser-Jahr, von seinem Besitzer, einem Maurermeister, selbst gebaut. Damals war Zehlendorf noch ein Dorf weit draußen vor der Stadt Berlin. Das Haus hat zwei Weltkriege überstanden. Von dem letzten fanden wir bei Einzug 1979 noch Spuren in Form von Granatsplittereinschlägen in der Hauswand. Unter dem Dach hatte der Erbauer ein Ofenrohr schräg durch eine fensterlose Kammer geführt. In dem Rohr waren Löcher und die Kammer war damit als Räucherkammer verwendbar. An der Wand fanden wir noch die handschriftlichen Eintragungen, wann er für welche Nachbarn Schinken in den Rauch gehängt hatte. Eine Waschküche und Toiletten für die Dienstboten befanden sich in einem Nebengebäude im Garten. Dazu das schon erwähnte zweistöckige Hühnerhaus mit gotischen Fenstern. Nach dem Zweiten Weltkrieg wurde das Haus in viele Wohnungen aufgeteilt. Es gehörte einer Erbengemeinschaft in der DDR. Ein alter Zehlendorfer Notar vertrat ihre Interessen. Mietverträge wurden per Handschlag abgeschlossen. Für Reparaturen war natürlich kein Geld da. Zeitweilig, so die Nachbarn, soll das Haus ein Treffpunkt für Drogendealer gewesen sein. Noch Jahre nach unserem Einzug saß eines Tages ein junger Mann auf der Treppe, die zum Dachgeschoss führte. Er kam gerade aus Katmandu. *„Früher konnte man doch hier oben immer wohnen!"* Bedaure, aber nun nicht mehr.

Die nötigen Reparaturen überstiegen unsere eigenen Möglichkeiten. Es mussten also Handwerker her. Einer war Heinz, der

Maurer, ein sensibler Zwei-Zentner-Mann mit zupackenden Händen.

Wir hatten das Haus gemeinsam gekauft, ich zog als einer der ersten im Dachgeschoss ein. In wenigen Tagen sollte meine Einzugsfete stattfinden. In der Wohnung unter mir hatten junge Leute gewohnt, die einen etwas psychedelischen Wohnstil bevorzugten. In eine Wand hatten sie unter Wegnahme wichtiger Stützelemente einen orientalischen Rundbogen eingebaut, den sie mit Gipsplatten verkleidet hatten. Heinz sollte das nun wieder richten. Nachdem er die Verkleidung entfernt hatte, kam er zu mir heraufgeschnauft und knurrte nur: *„Deine Einweihungs-Party kannste vajessen!!"* Auf meinen fragenden Blick: *„Wenn Ihr über die Schwelle tanzt, kann passieren, det Ihr Euch einen Stock tiefer wieder findet!"* Ich war entsetzt: *„Das kannste mir nich antun!"* und zählte ihm auf, wie viele Leute ich schon eingeladen hatte. Mit einem *„Na, ick vasuchs ma!"* stapfte er die Treppe wieder herunter. Er hat dann tatsächlich in halber Nachtarbeit die Wand neu hochgemauert. *„Aba frühesten in drei Tagen dürft Ihr drüber latschen!"* Das war knapp, aber gerade noch zu schaffen.

Wie alle alternativen Handwerker, die sich über unser Haus hermachten, hatte er so seine eigenen Vorstellungen und Wünsche. So erwartete er auch, dass man ihn, der kein Auto besaß, täglich im Norden Westberlins abholte und wieder zurück fuhr. Das gab Zeit für lange Gespräche. Am berühmtesten wurde bei uns der folgende Dialog mit dem zeitweilig etwas depressiven Mann, der mit 40 noch bei seiner Mutter wohnte:

„Ick gloobe, wenn meene Mutta stürbt, bring ick mir um!" „Ja, warum das denn??" *„Det fängt schon mit die Hemden an...!"*
Es wurde ein geflügeltes Wort in unserer Hausgemeinschaft.

Und unvergessen bleibt auch seine Postkarte aus dem Urlaub in Bad Sooden / Allendorf:

Viele Grüße Euch allen von Heinz. Leider ist das Pech mir Treu geblieben. Mitten im Urlaub ist zu hause Mutters Mann Otto gestorben.   Wetter ist auch schlecht.

Thomas Christoph Harlan
(1929-2010)

Auf den Namen Harlan stieß ich zum ersten Mal im Sommer 1954. Damals baute ich mir in Lüneburg in einem Fiedelbaukurs mit Unterstützung eines engagierten Werklehrers eine eigene Fiedel. Die Anleitung dazu stammte von dem Instrumentenbauer Peter Harlan (1898-1966), der auf der Burg Sternberg im Lippischen damals ein Zentrum für alte Musik und eine Instrumentenwerkstatt etabliert hatte.

Er war der ältere Bruder des Regisseurs Veit Harlan (1899-1964). Von dem wusste ich als Kind nur, dass man besser nicht in seine Filme ging, da dort Stinkbomben geworfen würden. Über den Film „Jud Süß" hatte ich nur sehr vage Vorstellungen. Und von dem Film „Kolberg", der noch im Januar 1945 uraufgeführt worden war, wusste ich damals nichts.

Eine der vielen Brüche in der Familiengeschichte der Harlans scheint mir aber aus heutiger Sicht zu sein, dass nahezu zur gleichen Zeit, in der Veit Harlan dem Wunsch von Goebbels nachkam, noch einen Durchhaltefilm zu drehen, der den Verteidigungswillen des deutschen Volkes zuletzt noch steigern sollte, sein Bruder Peter als Luftwaffenoffizier der Kommandant des Luftwaffenersatzteillagers auf der Burg Sternberg war. Er hatte den Befehl, im Falle eines Rückzuges die Burg mit Hilfe von drei Fässern Benzin zu verbrennen. Er verweigerte diesen Befehl und übergab die Burg kampflos den alliierten Truppen. So konnte er später die Burg zum Musikzentrum machen. Leider hat Veit Harlan über diese Heldentat seines Bruders keinen Film gedreht. Stattdessen hat er seinem 15jährigen Sohn Thomas noch vor Kriegsende dringend geraten, freiwillig in die Wehrmacht einzutreten, was dieser ablehnte.

Thomas Christoph Harlan lernte ich am 12. März 1958 kennen. Er war mit der Einstudierung seines Stückes „Ich selbst und kein Engel" mit dem neu gegründeten „Jungen Ensemble" in der Berliner Kongresshalle beschäftigt. Der sehr rührige und engagierte Heimleiter des Zehlendorfer Jugendzentrums „Schweizerhof", Walter Schloss, hatte Harlan und einen Teil seines Ensembles zu einer Diskussion über das neue Stück und die Erinnerung an das Warschauer Ghetto eingeladen.

Mein Tagebuch vermerkt am 13.3. 1958:

„Nach dem Abend gestern mit Thomas Christoph Harlan im Schweizerhof besteht für mich eine große Frage: Sollen, müssen wir immer unruhig sein? Harlan bejaht es, wenn er sagt: Solange es Dinge gibt wie den Aufstand im Warschauer Ghetto, wie den Antisemitismus, müssen wir unruhig sein, drängen, suchen, zweifeln, kämpfen..."

Heute, mehr als fünfzig Jahre später, klingt es wie eine Zusammenfassung des Lebens von Thomas Harlan, der am 16. Oktober 2010   81jährig in einem Lungensanatorium bei Berchtesgaden starb.

Mehr als dreißig Jahre war er aus dem Gedächtnis der deutschen Öffentlichkeit fast vollständig verschwunden, hatte jahrelang in Polen, Russland, Italien, Haiti und Frankreich gelebt, zeitweilig juristisch verfolgt von deutschen Altnazis wie Hans Globke und Ernst Achenbach, hatte Revolutionen in Chile und Portugal begleitet. Erst in den letzten zwanzig Jahren seines Lebens hat er mit gewaltiger Arbeitswut Filme gedreht, Romane und Dokumentationen geschrieben, viele Interviews gegeben. Jetzt, nach seinem Tod, ist er in aller Munde, ist in allen Zeitungen und im Fernsehen. Allmählich spricht es sich herum, dass er wohl der sprachmächtigste Zeuge der jüngsten deutschen Vergangenheit ist, der mit beharrlicher Wut daran gegangen ist, die Verbrechen der Deutschen im Dritten Reich und das Überleben der Täter danach aufzuhellen. Dabei ist alles nur Ausfluss seiner grenzenlosen Wut über und seiner grenzenlosen Liebe zu seinem Vater, von dem er bis zu dessen Tod 1964 gehofft hatte, er würde Einsicht in seine Untaten zeigen.

Es gibt Berufenere, sich mit dem riesigen Werk und der Hinterlassenschaft Thomas Harlans auseinanderzusetzen. Ich möchte lediglich herausfinden, welche Umstände dazu beigetragen haben, dass sein Stück „Ich selbst und kein Engel" nach anfänglich großen Erfolgen so völlig aus dem Bewusstsein verschwand und vergessen wurde, wo ich mir doch vorgestellt hatte, es könnte zur Pflichtlektüre in den Schulen werden. Es gehört zu den nachdrücklichsten Theatererlebnissen meiner Jugend. Am 26.11. 1958, zehn Tage nach der Uraufführung, sah ich das Stück zum ersten Mal. Danach noch zweimal, am 10.12. und am 18.1. 1959. Es handelt von den internen Kämpfen und Konflikten im Warschauer Ghetto bis zum Aufstand. Harlan hatte in Polen und zusammen mit seinem Freund Klaus Kinski in Israel dazu umfängliche Recherchen angestellt und mit Überlebenden gesprochen. Faszinierend war für mich besonders die Hauptdarstellerin, die polnisch-jüdische Sängerin und Schauspielerin Cipé Lincovsky vom Jiddischen Theater in Buenos Aires. Daneben der große Günter Meisner, später Gründer der „Galerie Diogens" in Charlottenburg, Claudia Brodzinska, die nach Mitarbeit in der „Galerie Diogenes" später den Guitarristen Siegfried Behrend geheiratet hat, Max Buchsbaum, Ethel Reschke und Barbara Morawiecz, aber auch Armin Müller-Stahl und Manfred Krug. Der Redakteur und Schriftsteller Jean Pierre Stephan hat zu seinen Gesprächen mit Thomas Harlan, die 2007 unter dem Titel „Das Gesicht deines Feindes" erschienen sind, die Besetzungsliste einer späteren

Gastaufführung im Berliner Ensemble abgedruckt, die zeigt, dass nach der Uraufführung viele Umbesetzungen vorgenommen worden waren. Das Stück war zunächst sehr erfolgreich. Es wurde mehr als 60 mal aufgeführt und sowohl von Arthur "Atze" Brauner wie vom Kultussenator Joachim Tiburtius unterstützt. Über das „Theater der Schulen" wurden Schülern verbilligte Karten angeboten. Dann aber kamen die ersten Proteste von rechts gegen das „Judenstück". Bei einer geschlossenen Vorführung für die „Falken" kam es am 25. 1. 1959, wie die FAZ[12] berichtete, zu heftigen Zwischenrufen und zum Werfen von Stinkbomben, als Harlan die Zuschauer dazu aufforderte, eine Petition zu unterschreiben, die die Bestrafung der in der Bundesrepublik unbehelligt lebenden Ex-SS-Männer Franz Sixt und Heinz Jost forderte. Harlan stellte Strafantrag gegen die Störer. Die „Falken" aber erklärten, aus ihren Reihen könnten die nicht kommen. Es seien aber einige Freikarten an ein Zehlendorfer Jugendheim gegangen, für die man nicht garantieren könne. Es dürfte sich dabei um unser Zentrum „Schweizerhof" gehandelt haben, in dem allerdings rechtsradikale Umtriebe nicht bekannt waren.

Dann kam die Kritik von jüdischer Seite. Ein Mitglied der Jüdischen Gemeinde erklärte mir ernsthaft, dieses Stück sei antisemitisch und würde von den Juden Berlins abgelehnt. Ich vermutete eher, dass es manchem unerträglich erschien, dass eine solche subtile Auseinandersetzung mit innerjüdischen Problemen wie dem Konflikt zwischen Kommunisten und Zionisten im Warschauer Ghetto, die genau so später auch von Marcel Reich-Ranicki in seinen Erinnerungen beschrieben wurden, ausgerechnet von dem Sohn des Jud-Süß-Regisseurs angepackt worden war. Aber es kam noch schlimmer. Als der polnische

---

[12] Zitiert nach J.P. Stephan

Regisseur des Stückes, Konrad Swinarski, aus Krankheitsgründen für einige Wochen ausfiel, schickte Thomas Harlan, der damals vorübergehend nicht in Berlin war, als Ersatz einen Herrn „Müller". Armin Müller-Stahl hat später beschrieben, wie überrascht er war, dass er in der Wohnung des Herrn „Müller", in die er eingeladen war, plötzlich Kristina Söderbaum entdeckte und da erst begriff, dass Herr „Müller" niemand anderes war als Veit. Harlan. Thomas Harlan hat das später als großen Fehler begriffen, seinen Vater eingeschaltet zu haben, wobei er offen ließ, ob er den Vater gerufen hatte oder ob der sich aufgedrängt hatte.

Endgültig undurchschaubar wurde die Szene, als sich auch noch der Journalist und Schriftsteller Hans Habe einmischte. In einem offenen Brief vom 9.2.1959 in der Bild-Zeitung: *„Lieber Thomas Harlan"* drückte er diesen an seine Brust und nahm ihn vor dem Vater in Schutz:

„Im Stinkbombenrauch der neuen Kongresshalle zu Berlin haben Sie, Thomas Harlan, den Makel getilgt, der an dem Namen haftete..."

Darauf reagierte nun wiederum Veit Harlan heftig. In einem langen Brief an seinen Sohn vom 13.2. 1959 fordert er ihn auf, umgehend Habe zu widersprechen. *„...Ehe aber dieser Schandruf, der meine Minderwertigkeit gegen Deine höchste Qualität ausspielt, wieder mit einer Selbstverständlichkeit ad acta gelegt wird, versuche ich in diesem Brief, Dir an Hand von Fakten klar zu machen, dass Du der E i n z i g e bist, der der Unehrlichkeit und der Unmoral dieses „Liebesbriefes an Thomas Harlan" wirksam entgegentreten kann..."[13]*

Er wiederholt in diesem Brief seine seit Jahren bekannte Erklärung, er habe „Jud Süß" nicht drehen wollen, sei von Goebbels

---

[13] zit. nach JP Stephan

gezwungen worden und wäre statt dessen lieber als Soldat an die Front gegangen.

Entlarvend für Veit Harlans Persönlichkeit wird der Brief aber an anderer Stelle. Er missbraucht die Mitarbeit an dem Stück für seine eigene Rehabilitierung und beschuldigt den polnischen Regisseur Swinarski, er habe in das Stück antisemitische Tendenzen hinein bringen wollen, was er, Veit Harlan, im Interesse der jüdischen Schauspieler verhindert hätte. Im übrigen mache er sich große Sorgen, die Zwischenfälle bei der Aufführung könnten den wieder zurückgekehrten Juden den Aufenthalt in Deutschland verleiden. Er selber sei weder Antisemit noch Nationalsozialist gewesen. Thomas Harlan hat in seinen letzten Texten, die er nur noch diktieren konnte und die unter dem Titel „Veit" gerade erschienen sind, seine Meinung über seinen Vater und dessen politische und moralische Einstellung noch einmal deutlich gemacht.

Hans Habe veröffentlichte übrigens 1966 einen kitschigen Roman „Christoph und sein Vater", in dem er den Vater–Sohn–Konflikt im Hause Harlan thematisierte. Den Ort der Handlung verlegte er nach München, der Regisseur des Stückes, das nicht vom Warschauer Ghetto, sondern von einem Ritualmord-Prozess handelte, kam jetzt aus Ungarn. Garniert wurde das Ganze noch mit einer schwülstigen Liebesgeschichte im Kibbuz. Am gravierendsten aber erscheint mir, dass Habe einen nach Deutschland zurückgekehrten berühmten jüdischen Schauspieler erfand, der von seiner Rolle zurücktrat, als bekannt wurde, dass Veit Harlan an der Regie beteiligt war.

Zurück zum echten Stück. Dass der Autor aus seiner Sympathie für den Kommunismus keinen Hehl machte, Schauspieler auch aus Ostberlin beschäftigte und dankbar die Einladung zur Gastaufführung im Berliner Ensemble annahm, trug ihm im durch den Kalten Krieg aufgeheizten Westberlin kaum Sympathien ein. Ein Kritiker der „Zeit" bemerkte süffisant, warum denn in dem Stück die jüdischen Untergrundkämpfer so große Hoffnungen in die Befreiung durch die Rote Armee gesetzt hätten. *„Sollte sich keiner der Verfolgten Gedanken darüber gemacht haben, dass wohl auch mit der Roten Armee die Freiheit nicht kommen werde?"* Das Stück wurde später im DDR-Fernsehen gezeigt und der Text im Ostberliner Henschel-Verlag gedruckt. Die Ausgabe ist heute nur noch antiquarisch zu haben. Eine Neuausgabe im Belleville-Verlag wird seit Monaten erwartet. Das Stück wurde nur noch einmal 1996 bei den Ruhrfestspielen in Recklinghausen unter der Regie von Brian Michaels aufgeführt.

Ich ließ mir meine Begeisterung für das Stück und das „Junge Ensemble" nicht nehmen. In der „Ewigen Lampe", dem damaligen Quartier der „Stachelschweine" gab es in jenen Tagen noch eine Solovorstellung mit „Jiddischer Kleinkunst", vorgetragen von Cipé Lincovsky, zu der ich ging. Dort traf ich auch noch einmal Thomas Harlan und viele seiner Darsteller. Das Stück und die Lieder dieser Künstlerin brachten mir den ersten Kontakt mit jiddischen Liedern, wie ich sie später in Israel hörte, und die dann von Peter Rohland, dem Duo „Zupfgeigenhansel" und in Ostberlin von Karsten Troyke aufgegriffen wurden Noch heute kann man im Internet die älter gewordene Stimme Cipè Lincovskys, die immer noch in Buenos Aires lebt, vernehmen mit dem bekannten Partisanenlied, das Hirsch Glik im Wilnaer Ghetto geschrieben hatte, und mit dem das Stück damals endete:

Sog nit kejnmol, as du geeist dem letztn wejg,
chotsch himlen blajene farschtelen bloje tejg.
Kumen wet noch unser ojssgebenkte scho,
ss'wet a pojkton unser trot: mir senen do.

Günter Grass und Jeffrey Eugenides

Im Vorwort hatte ich versprochen, den Leser mit prominenten Schriftstellern zu verschonen, deren Lesungen ich zusammen mit Hunderten von anderen passiv gelauscht hatte.

Hier soll von zwei Ausnahmen berichtet werden, da sie doch so etwas wie einen individuellen und persönlichen Zug tragen.

Im Oktober 1962, als Rudolf Augstein in Hamburg verhaftet worden war, tagte die Gruppe 47 in Berlin. Sie rief sofort auf zu einer Solidaritätskundgebung auf dem Berliner Stein-Platz. Der Platz war überfüllt, als Wolfgang Neuß, der sich keck zum Mitglied der Gruppe 47 hochstilisiert hatte, ans Podium trat und mit Stentorstimme erklärte:

„Wir von der Gruppe 47 fordern…." Es folgte eine radikale politische Forderung, deren Inhalt ich vergessen habe. Plötzlich ertönte neben mir eine kräftige Stimme: „Ich nicht!!!" Als ich mich umdrehte, stand da Günter Grass.

Ich begegnete ihm dann erst wieder im Winter 1969 auf der Polterabend-Party eines befreundeten Paares in Nikolassee. Er war eingeladen worden, weil er vor Jahren einmal bei gemeinsamen Bekannten das Paar kennen gelernt hatte und gewettet hatte, sie würden nie heiraten. Nun taten sie es aber doch und zwar höchst eilig, da die Braut hochschwanger war. Meine damalige Frau war noch ein paar Tage höher schwanger und Grass zog knurrend durch die tanzenden Reihen: „Gibts□ denn hier nur schwangere Frauen?" Um dann, ganz Kavalier alter Schule, meine Frau anzusprechen: „Und wann, gnädige Frau, kommen Sie nieder?" Zum Hochzeitsessen, das, dem Stil der Zeit entsprechend, in der Pizzeria „Roma" in Schöneberg stattfand, erschien Grass aber dann auch noch.

Die zweite Begegnung stellt etwas Besonderes dar. An der Zehlendorfer deutsch-amerikanischen John-F-Kennedy-Schule, die alle meine vier Kinder besuchten, war es üblich geworden, dass zur High-School-Abschlussfeier jemand Prominentes eingeladen wurde, eine Rede zu halten. Die Organisation dazu besorgten die Schüler meist selbst. Sie hatten es geschafft, dass 1994 Hillary Clinton sprach, die ihren Mann nach Berlin begleitet hatte. Zehn Jahre später stand Jeffrey Eugenides zur Wahl, der amerikanische Schriftsteller und Pulitzer-Preis-Träger, Verfasser von „Virgin Suicides" und „Middlesex", der seit vier Jahren in Berlin lebte und überlegte, seine Tochter an der JFK-Schule anzumelden, Mein Sohn Felix war beauftragt, mit ihm zu verhandeln.

In seiner wunderbaren Rede verarbeitete Eugenides diese Begegnung auf sehr komische Weise. Ein Auszug, von mir übersetzt:

„Seitdem mich Felix Lennert anrief, mit Zittern in der Stimme – das kannte ich aus meiner Schulzeit, nicht vom Einladen von Autoren, aber vom Einladen von Mädchen für ein date – frage ich mich, ob ich als Gastredner überhaupt geeignet bin. Vor zehn Jahren war schon Hillary Clinton da. Was ist los, Felix, konntet Ihr Bill nicht kriegen dieses Jahr?

> *„Hallo, Mr. President?"*
> *„Wer spricht denn da?"*
> *„Ich heiße Felix. Von der JFK-Schule in Berlin."*
> *„Und?"*

„Hmm, wir machen uns Hoffnung, Sie könnten dieses Jahr auf unserer High-School-Graduation sprechen. Ihre Frau, ich meine Senator Clinton, hat vor zehn Jahren bei uns gespro-

chen, als sie auf ihrer Buch-Tour hier war, und da Sie dieses Jahr ja ein neues Buch geschrieben haben, dachten wir..."

„Berlin? Ihr habt da ja jetzt eine interessante Situation. Die SPD bekam nur 24 % der Stimmen. Schröder hat ein paar simple Reformen versucht und das war schwieriger als einen Hund von einem Fleischerauto fernzuhalten. Ich habe meine Wohlfahrtsreform durchgekriegt und hatte danach mehr Zustimmung als vorher."

„Es sollte auch nur eine kurze Rede sein, Mr. President, und im Publikum werden eine Menge potentieller Buchkäufer sitzen."

„Sorry, aber ich kann das nicht. In dieser Stadt kann ich keine anständige Rede halten. Alles, was den Leuten einfällt, ist: ‚Ich bin ein Berliner' und ‚Mr. Gorbachev, tear down that wall!' Erinnerst Du denn irgendeine Rede, die ich in Berlin gehalten habe?"

„Ich bin noch nicht so alt"

„Ich bin doch erst seit vier Jahren aus dem Amt."

„Aber die Graduation ist schon nächste Woche, Mr. President, und wir müssen jemand finden"

„Viel Glück, Felix! Versuch mal Bob Dole. Ich höre, er ist verfügbar."

> *„Hallo?"*

> *„Senator Dole? Hier ist Felix Lennert von der JFK-Schule in Berlin"*

> *„Sorry, aber ich kann nicht!"*

> *„Woher wissen Sie denn, was ich fragen wollte?"*

„Weil Juni ist. Und im Juni rufen immer alle an, ob ich eine Graduation-Rede halten kann. Was ist denn los. Konntest Du Clinton nicht kriegen?"

„Er ist auf einer Buch-Tour."

„Hör zu, Junge, ich würde ja gerne. Berlin! Wow, ich bin ein Kriegs-Veteran. Habe geholfen, Berlin zu befreien. Habe es erst sicher gemacht für Demokratie und Love Parade. Aber leider

habe ich dieses Redeabkommen geschlossen. Ich darf nur Reden halten oder als Werbesprecher im Fernsehen auftreten in Zusammenhang mit ED. Du weißt, was ED bedeutet?"

„Education Department?"

„Nein, es bedeutet...Ich kann nicht sagen, was es bedeutet. Deswegen sagt man ja ED. What the hell bringen Sie Euch überhaupt bei dort. Ist das eine amerikanische Schule?"

„So ähnlich."

„Dann solltest Du wissen, was ED ist. ED ist so amerikanisch wie apple pie. Denk nur an den Profit, den sie mit Viagra machen."

„ Hier in Deutschland gibt es sehr viele pflanzliche Mittel."

„Echt? Was nehmen sie denn für ED?"

„Keine Ahnung. Vielleicht Fenchel-Tee?"

„My God! Old Europe! Sorry, Junge, aber Du musst jemand anderes finden. Versuchs mal mit einem Schriftsteller. Die machen alles."

Emmy Mueller
(1876 – 1961)

Der Umzug meiner Familie 1955 nach Berlin fiel zeitlich zusammen mit der Wiedereröffnung der berühmten Berliner Galerie Nierendorf in den Nebenräumen eines Ladens in Tempelhof, in dem Meta Nierendorf, die Witwe von Joseph Nierendorf und Schwägerin von Karl Nierendorf, einen Handel mit Büchern und Kunsthandwerk betrieb.

Früh nahm mich mein Vater dorthin mit, der eine Vorliebe für die deutschen Expressionisten hatte. Die Kunsthandlung wurde von Florian Karsch (1925-2015), dem Sohn des Bildhauers Joachim Karsch aus der Ehe mit Meta Karsch, spätere Nierendorf geführt, der aus kleinen Anfängen mit den Resten der alten Galeriebestände sich zum überregional geachteten Spezialisten u.a. für Otto Dix und Otto Mueller entwickelte, aber auch Ausstellungen mit Werken von Karl Schmidt-Rottluff, Erich Heckel, Karl-Ludwig Kirchner und Max Pechstein zeigte und sich intensiv Nolde, Hofer, Rohlfs, Kokoschka, Macke und Marc zuwandte.

Die meisten dieser Künstler waren in der Nazizeit als „entartet" eingestuft worden und aus dem Bewusstsein einer breiten Öffentlichkeit in den ersten Nachkriegsjahren verschwunden. In ihrer umfangreichen Dissertation über die Geschichte der Galerie Nierendorf seit 1920 hat die Kunsthistorikerin Anja Walter-Ris 2000 beschrieben, wie gleich nach dem Krieg Meta Nierendorf und Florian Karsch zur Finanzierung ihres Lebensunterhaltes Heckel-Holzschnitte für 6–10 DM verkaufen mussten, Schmidt-Rottluff für 12 – 20 DM und Dix für 3 DM. Natürlich waren die Preise 1955 schon anders, aber noch weit entfernt von den späteren Boom-Preisen für Expressionisten.

Die Atmosphäre in der Hinterzimmer-Galerie war in den 50er und 60er Jahren eine ganz besondere. Während im vorderen Laden Kunstgewerbe und Bücher, aber auch Lottoscheine verkauft wurden, stapelten sich hinten in zahlreichen Schubladen und an den Wänden die expressionistischen Schätze. Florian Karsch war immer bereit, sie auch Leuten wie mir, die kein Geld hatten, um so etwas zu kaufen, auf Wunsch zu zeigen. Daneben fanden dann natürlich Ausstellungen in den beengten Räumen statt, wo zur Eröffnung die Menschen sich drängten.

Meine besondere Vorliebe galt Otto Mueller (1874–1930), für den Karsch sogar ein Werkverzeichnis erstellt hat. Ich erinnere mich besonders an die Originale aus der „Zigeunermappe". Ich las alles, was ich über Mueller finden konnte, auch den Roman „Einhart der Lächler" von Carl Hauptmann, einem Bruder von Gerhart Hauptmann. Muellers Mutter war eine Adoptivtochter einer Tante der Hauptmann-Brüder. Da die Herkunft des mütterlichen Großvaters nicht bekannt war, hielt sich das Gerücht, Mueller habe Zigeunerblut in seinen Adern, was vermutlich nicht stimmte, von ihm aber weidlich kultiviert wurde, da ihn die Zigeuner nicht nur als Sujets seiner Bilder sehr faszinierten. Carl Hauptmann hat das Thema in seinem Roman, der auf die Person Otto Muellers anspielte, aufgegriffen.

Besondere Ereignisse in der Galerie Meta Nierendorf waren die Faschingsfeste mit großer Kunst-Tombola, zu denen die drei „Tempeldoofer" Meta Nierendorf und Florian und Inge Karsch einluden.

Dazu musste dann der ganze vordere Laden leer geräumt werden. Florian Karsch gab den verschmitzten Conferencier und Meta Nierendorf, ganz Grande Dame mit großem Hut und Zigarettenspitze, saß im Rollstuhl. Ich durfte 1960 und 1961 dabei sein. Es findet sich in meinem Tagebuch von 1961 eine enthusiastische Beschreibung:

"11.2.1961. Nierendorf-Fasching berauschend schön. Wieder voll Phantasie und Sekt, beschwingt, selten albern, mit herrlichen Mädchen. Da war das nachdenklich-schwermütige Kind, das mit einem geistvoll-klugen Papa gekommen war. Ich holte sie mir, als ich noch Araber war, und später noch einmal, schon aufgelöst deutsch. Sie landete schließlich müde und friedlich in den Armen eines starken Boxers.

Schon ausgelassener die andere, wir fanden Gefallen an unserem Tanzen, ich holte ihr Sekt und Zigaretten, lange saßen wir und sprachen über Kunst. Sie arbeitet bei Nierendorf, findet Sprotte[14] wie ich oberflächlich und angeberisch (er war auch da!), Klee großartig und in die Zukunft weisend. Fast hätte es ein Eifersuchtsdrama gegeben, als sie sich von ihrem Freund eine Gurke holen ließ und sie mir in den Mund steckte. Dann aber ging sie und tröstete ihn mit einem Tanz, mir ein paar grüßende Abschiedsworte hinterlassend.

Dann aber Rausch und wilde Lust. Den ganzen Abend schon reizte mich dieses „Muellermädchen". Sie war toll. Zuerst fühlte sie, ob mein Bart auch echt war. Später, ganz spät, fing ich mir sie und sie, aus wilden Tänzen kommend, brachte mich, den Ausgeruhten an den Rand meiner Kräfte, so sprangen wir, jagten wir uns, sie hatte Kastagnetten an ihrem Kittel und war federnd und voll ungeheurer Spannung. Wir kämpften, bis sie geschlagen in meinen Armen lag. Langes, berauschtes Gespräch: Warum hast Du mich nicht eher gefunden? – Du warst doch immer so beschäftigt. ..- Hol mir was zu trinken – (Chris Barber: Petite Fleur) - Du, das möchte ich mit Dir tanzen, das ist meine Lieblingsplatte... Ich küsste sie, sie war warm und nachgebend weich – hohes Spiel der Sinne."

---

[14] Siegward Sprotte, 1913 – 2004, deutscher Maler

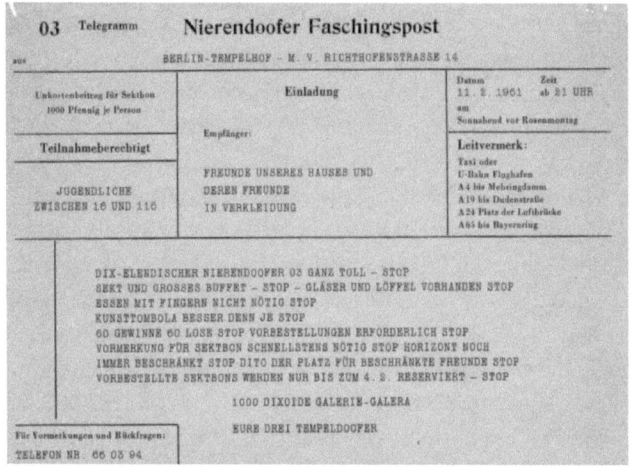

Abb. 6: Einladung zum Nierendorf-Fasching 1961

Einmal, im Herbst 1958, traf ich Karsch in der Galerie in lebhaftem Gespräch mit einer alten Dame. Ich schnappte einzelne Wortfetzen auf: „...*damals, das Fest bei Schmidt-Rottluff. Kirchner war auch da....Pechstein...Heckel...*" Ich traute meinen Ohren kaum und schlich mich näher. Als die Dame verschwunden war, fragte ich Karsch aufgeregt, wer das denn war. „*Das war Emmy, die Schwester Otto Muellers. Sie lebt übrigens in Berlin.*" Der Gedanke überwältigte mich. Da lebt ganz in der Nähe jemand, der Otto Mueller noch persönlich gekannt hat. Ich bat um die Adresse und schrieb ihr einen Brief, in dem ich um einen Besuchstermin bat, „...*aber nur nachmittags. Ich bin noch Schüler.*"

Am 25. 10. 58 traf ihre Antwort ein, mit zittriger Schrift, da sie fast blind war. Das Schicksal war gegen mich. Sie war inzwischen nach Wyk auf Föhr verzogen, wo sie drei Jahre später starb, ohne dass ich sie jemals wieder gesehen habe. Aber sie ließ mich nicht im Stich. In ihrer Berliner Wohnung in Lichterfelde hatte sich der Sohn des Gemeindepfarrers, ein kunstinteressierter Jurastudent namens Eugen Weschke, intensiv um die alte Dame gekümmert. Ihn bat Emmy Mueller, mit mir Kontakt aufzunehmen. So geschah es, und bald saß ich bei ihm und er konnte mir ganz viel aus dem Leben Otto Muellers erzählen, von seiner Frau Maschka Meyerhofer und dem Sohn Eugen, von der Schwester Mara, von Carl und Gerhart Hauptmann, von den Freunden der „Brücke" und dem Maler Ludwig Peter Kowalski (1891-1967), mit dem Mueller an der Breslauer Kunstakademie befreundet war und der noch in Berlin lebte. Wir sprachen lange über Kunst. Ich beschrieb die Probleme, die ich damals noch mit abstrakter Kunst hatte. Er meinte, ich sollte es mir damit nicht zu leicht machen. *„Werden Sie bescheiden und lernen Sie betrachten und schweigen vor einem Bild."* Damit verabschiedete er mich. Im Namen von Emmy Mueller hat er mir noch für 25 DM einen Mueller-Holzschnitt „Mädchen im Schilf" verkauft, den die Erben Muellers nach dem Krieg aus Geldnot vom Original-Druckstock haben abziehen lassen.

Im selben Herbst habe ich dann auch noch Kowalski besucht, der mir vom Atelierleben in Breslau erzählte. Mueller besaß damals einen Affen, den er oft ins Atelier mitnahm und der einmal dem Rektor der Kunstakademie einen Blumentopf an den Kopf geworfen haben soll.

Eugen Weschke traf ich etwa 40 Jahre später zufällig noch einmal wieder. Er war inzwischen Professor für Kriminologie an der Berliner Fachhochschule für Verwaltung und Rechtspflege geworden und suchte mich mit seinem Sohn in der Kinder-Poliklinik der FU Berlin auf. Wir konnten uns beide noch gut an die damalige Begegnung erinnern.

Mit Emmy Mueller habe ich noch bis zu ihrem Tod am 2. Dezember 1961 regelmäßig Briefe und Weihnachtsgrüße gewechselt.

Die Galerie Nierendorf gibt es immer noch, sie ist 1963 nach Charlottenburg umgezogen, in wesentlich größere und vornehmere Räume in der Hardenbergstraße. Sie ist inzwischen international sehr erfolgreich und hat von dem Expressionismus-Boom profitiert. Aber es war nicht mehr die alte, intime Atmosphäre wie in Tempelhof. Ich habe über die Jahre den Kontakt verloren. Florian Karsch hatte zunächst die Hälfte des Galeriebestandes als Schenkung der Berlinischen Galerie übereignet, es dann aber aus steuerlichen Gründen wieder rückgängig gemacht Er selbst hat angefangen, zu zeichnen und zu malen und ich treffe in letzter Zeit immer wieder Menschen, die mir stolz berichten, von Florian Karsch gezeichnet worden zu sein.

Jaakov K., genannt Jacky

1959 suchte ein junger Israeli, Jaakov K., genannt Jacky, in Berlin das Wissenschaftliche Landesprüfungsamt auf, um zu erkunden, wie er einen Hochschulzugang erreichen könnte. Geboren in Czernowitz, war er nach dem Kriege illegal über Zypern, wo die Familie über Monate von den Engländern interniert worden war, nach Israel gelangt. Sein Vater, der in Czernowitz ein bekannter Anwalt und Notar gewesen war. konnte in Israel seinen Beruf nicht mehr in dem selben Umfang ausüben und lebte von kleineren Aufträgen. Jacky verließ die Oberschule und machte eine Lehre als Elektriker.

Sein großer väterlicher Freund und Mentor in Israel war Max Marcuse. Geboren 1877 in Berlin, wurde er nach Medizinstudium in Berlin, Würzburg und Freiburg Dermatologe und einer der ersten Sexualforscher in Deutschland, der mit Magnus Hirschfeld, Iwan Bloch und Albert Moll zusammenarbeitete. Er war Mitherausgeber und Chefredakteur der „Zeitschrift für Sexualwissenschaft" 1919 – 1932. 1933 emigrierte er nach Palästina, wo er unter relativ ärmlichen Umständen bis zu seinem Tod 1963 lebte. Er war zweimal verheiratet. Ein Sohn aus erster Ehe war der spätere Botschafter Israels in Deutschland, Yohanan Meroz (1920-2006). Jacky hat oft und lange „zu Füßen" von Max Marcuse gesessen und viel von dessen breitem geistigen Horizont profitiert. Es war auch Marcuse, der ihm empfahl, nach Europa zu gehen und zu versuchen, irgendwie ein Studium anzufangen. Psychologie und Psychoanalyse waren Jackys Hauptinteressen. Er ging zunächst nach Wien, wo er nicht zum Ziel kam, und dann nach Berlin.

Am Landesprüfungsamt traf Jacky auf meinen Vater, der ihn beraten sollte, wie er ein externes Abitur, das sogenannte „Begabtenabitur" erlangen könnte, das die Voraussetzung für den Hochschulzugang war. Da mein Vater wusste, dass ich für den Sommer 1960 eine Israelreise plante und außerdem Jacky im Studentendorf Schlachtensee wohnte, das gleich um die Ecke von unserer Wohnung lag, schlug er vor, dass ich ihm bei den Vorbereitungen auf das Begabtenabitur helfen sollte. Jacky hatte es inzwischen geschafft, mit „Kleiner Matrikel" für drei Semester an der FU zugelassen zu werden, musste danach aber spätestens die Prüfung ablegen. Ich sollte ihn vor allem auf die deutsche Literatur vorbereiten. Ich begann mit den „Räubern" von Schiller, die allerdings auf kein großes Interesse bei Jacky stießen. Er war hauptsächlich damit beschäftigte, die Rollen von Franz und Karl Moor auf Tonband zu sprechen und Vater und Sohn dann jeweils mit unterschiedlichen Geschwindigkeiten laufen zu lassen, was sich durchaus witzig anhörte. Ich war leicht verzweifelt, da meine pädagogischen Talente offensichtlich nicht ausreichend waren. Inzwischen war Jacky am Psychologischen Institut der FU positiv aufgefallen und man schlug ihn für ein Stipendium der „Friedrich-Ebert-Stiftung" vor, was er dann auch bekam. Im Sommer 1960 fuhren wir erst einmal gemeinsam für fast drei Monate nach Israel, wo ich zunächst bei seiner Familie in Tel Aviv wohnte, bis ich zu einem Arbeitseinsatz in einen Kibbuz ging. Danach reiste ich viel im Land umher, die Wohnung der Familie K. war immer wieder zwischendurch ein Ruhepunkt. Jackys Vater war ein geistreicher kleiner Mann, der aus klimatischen Gründen im heißen Tel Aviv tagsüber meist im Schlafanzug herumlief. Die Mutter war eine typische „jüdische Mamme", die immer Sorge hatte, der liebe Jacky würde nicht genug zu essen bekommen. Und wenn er nicht jede Woche aus Berlin schrieb, war sie todunglücklich.

Jacky, ein paar Jahre älter als ich, war ein gut aussehender dunkelblonder durchtrainierter Kerl, der immer wieder die

Augen und das Interesse der Frauen auf sich zog, wie ich schon auf der Hinreise bemerkte. In Israel hatte er eine größere Schar von Verehrerinnen, um die ich mich dann gelegentlich kümmern musste, wenn er unabkömmlich war. Alle wollten natürlich wissen, wann der geliebte Jacky denn nun endlich wieder in die Heimat kommen würde. Ich konnte den Damen da nicht viel Hoffnung machen.

Zurück in Berlin hatten Jacky und sein Professor eine geniale Idee. Er bat um einen Gesprächstermin bei dem damaligen Berliner Kultussenator Joachim Tiburtius, dem er die Frage vorlegte, warum man eigentlich, wenn man einer „Hochbegabten-Stiftung" wie der „Friedrich-Ebert-Stiftung" angehörte, eine „Begabtenprüfung" machen müsse. Der Senator war verblüfft, dachte eine Zeitlang darüber nach, und da er ein sehr menschlicher Politiker war, der auch Verständnis für den unverschuldet harten Lebensweg von Jacky hatte, beschloss er, ihm ohne weitere Prüfung die Hochschulreife zuzuerkennen. Jacky hat dann, auch ohne Schillers Räuber, erfolgreich bis zum Diplom Psychologie studiert, dann noch eine psychotherapeutische Ausbildung einschließlich Psychoanalyse angeschlossen und sich in Berlin als Psychoanalytiker niedergelassen. Er hat eine Berlinerin geheiratet, weshalb in Israel sicher einige Tränen geflossen sind. Unsere Wege liefen später auseinander. Einmal traf ich ihn noch zufällig in der Stadt. Da erzählte er mir, dass er einen Sohn hatte und außerdem gerade Mitglied eines traditionellen Berliner Schützenvereins geworden war.

Yohanan Meroz hielt übrigens 80 jährig in Berlin anlässlich des V. Congress of the European Federation of Sexology im Juni 2000 einen bemerkenswerten Vortrag „*About my father Max Marcuse 1877-1963*"

Abb. 7: Thomas Lennert
Zeichnung von Jaakov Katwan, Athen 27.10. 1960

Susanne, Helmut und Eberhard

Im März 1984 beschloss meine damals achtjährige Tochter Susanne aus eigenem Antrieb, ohne dass ihre Eltern oder Lehrer davon wussten, einen Brief an den Bundeskanzler Kohl zu schreiben. Der Brief lautete:

Lieber Bundeskanzler

Ich heiße Susanne und bin acht jhare alt. Ich schicke dieses Bild wall ich will das der kriek aufhört. Kriek ist schlim.

Dazu schickte sie ein Bild mit brennenden Häusern, Raketen und Flugzeugen, dick mit einem roten Kreuz durchgestrichen. Was sie unmittelbar dazu angetrieben hatte, haben wir nie herausbekommen.

Der Bundeskanzler war zu sehr mit anderen Dingen beschäftigt und beauftragte einen Referenten im Bundeskanzleramt, Herrn Henseler, ihr zu antworten.

Der teilte mit, der Bundeskanzler freue sich, *„wenn er von Schülern Deines Alters Post bekommt und daraus ersehen kann, dass auch jungen Menschen die Probleme unserer Zeit nicht gleichgültig sind.“*

Es folgten dann in dem etwas trockenen und wenig kindgerechten Schreiben Auszüge aus dem Grundgesetz, u.a. dass schon die Vorbereitung der Führung eines Angriffskrieges verfassungswidrig sei und unter Strafe zu stellen sei...

Er fährt dann fort, dass aber auch kein Politiker für sein Volk auf die Möglichkeit zur Selbstverteidigung verzichten darf, solange es Staaten gibt, die Krieg als Mittel der Politik einsetzen.

Lieber Bundeskanzler!
Ich heiße Susanne
und bin acht jhare
alt.Ich schicke dieses
bild wall ich will
das der kriek auf-
hört. Kriek ist schlim.

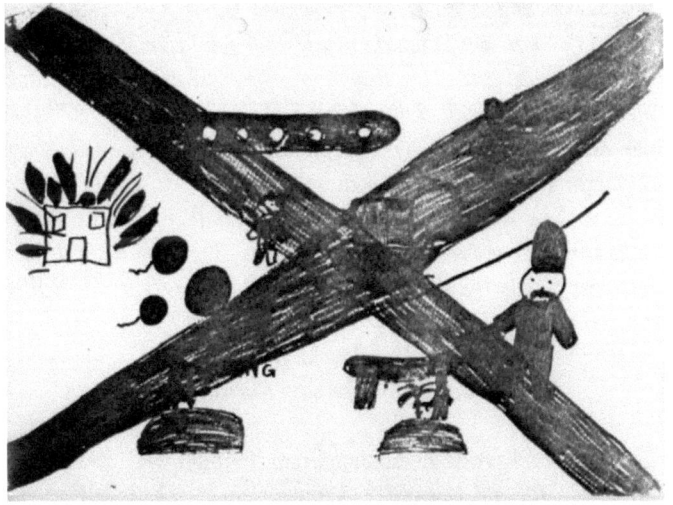

Abb. 8: Susanne schreibt an Helmut Kohl

„Leider gibt es Beispiele wie Afghanistan. Dort wurde ein klei-
nes Volk von der sowjetischen Militärmaschinerie überrollt,
weil es sich nicht wehren konnte…"

(Setzt man den Gedanken bis heute fort, so können wir ja froh
sein, dass das afghanische Volk sich inzwischen zur Selbstverteidigung entschlossen hat.)

Der Brief endete väterlich : *„Diese notwendigen ernsten Ge-*
danken sollen Dich aber nicht davon abhalten, Dich an den
schönen Dingen und guten Taten zu erfreuen, die Du täglich in
Deiner Familie, in der Schule und im Freundeskreis erlebst."

Meine Tochter war beeindruckt. So sehr, dass sie im Februar
1985 sechs Klassenkameraden aus der Berliner John-F-
Kennedy-Schule überredete, mit ihr einen Brief an den Regie-
renden Bürgermeister zu schreiben:

„Sehr geehrter Herr Diepgen
Wir Kinder aus der Deutsch Klasse 3c und 3d John-F-Kennedy
Schule verlangen das etwas passiert. Jeden Tag werden tau-
sende Tonnen von Schmutz in die Luft geblasen. So kann das
nicht weitergehen! Die Bäume werden krank weil sie nicht
mehr atmen können dann müssen sie abgesegt werden. Aber
wir Menschen können ohne sie nicht leben, denn sie geben uns
Sauerstof zum atmen. In diesem Winter ist es besonders
schlimm! Es war mehr mals Smokarlarm. Wenn das so weiter
geht können wir bald nicht mehr atmen. Wir wissen sie denken
jetzt nur an die Wahlen aber das ist viel wichtiger. Oder wollen
sie ersticken?

> *Ihre Maja Maria, Nadine, Tina,*
> *Susanne, Sean und Kurusch"*

Dazu eindrucksvolle Zeichnungen mit Parolen wie *"Jeder muss*
etwas tun für die Umwelt", *„Umweltschutz geht jeden an!!!",*
*„Denkt an di*e *Umwelt",* dazu ein weinender Mann: *„Ame Fi-*

sche, ame, ame Fische", „Denkt an den Umweltschutz", „Tut was für die Umwelt. Apfal weck schmeisen tut keinem weh!", „Denkt an den Umweltschutz", dazu ein Mann mit einer Sprechblase: „Diese verdammte Umwelt" und schließlich: „Tut mehr für die Umwelt. Bäume lachen!!!!"

Jetzt war Eberhard Diepgen beeindruckt:

„...Das Problem der zunehmenden Umweltverschmutzung und Zerstörung, das Ihr in Euren Bildern so anschaulich und treffend darstellt, liegt auch mir am Herzen...Verursacher der schlechten Luft in Berlin sind aber nicht nur unsere Autos und Fabriken, sondern auch unsere Öfen zu Hause und der Schmutz, den unsere Nachbarn entstehen lassen, und der zu uns herübergeweht wird."
(Da hat er es Ostberlin aber mal wieder richtig gegeben!!)
Und dann noch der Hinweis, dass das leider alles Geld kostet,
„...das nicht immer in ausreichendem Maße und sofort zur Verfügung steht. "
Naja, das werden die lieben Kleinen sicher verstehen. Immerhin unterschreibt er ja persönlich, „mit freundlichen Grüßen"

Meine Tochter konnte damals nicht wissen, dass ich Eberhard Diepgen meine schrittweise Politisierung verdankte. Nicht etwa durch sein Vorbild, im Gegenteil! Nachdem er im Februar 1963 zum ASTA-Vorsitzenden der FU gewählt worden war, war ich aktiv an der Vorbereitung der Urabstimmung beteiligt, die im März wieder zu seiner Abwahl führte, weil er im Wahlkampf „vergessen" hatte, seine Mitgliedschaft in einer „Schlagenden Verbindung" anzugeben, was zwingende Vorschrift war. Nachdem wir erfolgreich waren, wurde ich aber von meinen Mitkämpfern dringend aufgefordert, nun auch für den neu zu wählenden Konvent, das Studentenparlament, zu kandidieren. Das tat ich dann auch, wurde gewählt und habe noch einige Monate Seite an Seite mit Eberhard Diepgen im Konvent gesessen, er jetzt wieder als einfacher Abgeordneter für den RCDS, ich eher der linken Fraktion zugehörig. Ein Auslandssemester beendete dann erst mal meine aktive studentenpolitische Karriere.

Tante Dora
(1906 – 1987)

Meine Tante Dora hatte es nicht leicht in den achtzig Jahren ihres Lebens.

1906 im schlesischen Habelschwerdt geboren als Tochter des Kaiserlichen Bankvorstehers Fritz Lennert blieb sie fast ihr ganzes Leben lang Tochter. Mein Vater redete die Schwester noch im hohen Alter mit der in der Familie üblichen schlesischen Koseform „Tochtel" an. Gegen ihre drei Brüder konnte sie sich nur schwer durchsetzen. Während die in die Welt hinaus strebten, studierten, heirateten, blieb sie jahrelang bei den Eltern, um sie zu versorgen. Krankenschwester zu werden, wie es ihr Wunsch war, erlaubte ihr Vater nicht. Sie sollte Berufsschullehrerin werden.

Nach ihrer Ausbildung zur Handarbeits- und Hauswirtschaftslehrerin am Lette-Verein in Berlin folgte 1929 das Examen als Gewerbelehrerin für Hauswirtschaftliche Berufsschulen. Stundenweise erhielt sie dann Anstellungen an verschiedenen Berliner Berufsschulen bis 1931. Es folgten Leitungstätigkeiten im Freiwilligen Kirchlichen Arbeitsdienst in Mecklenburg. Im November 1933 bewarb sie sich um Aufnahme in die neu geschaffene Anwärterliste für Gewerbe- und Diplom-Handelslehrer, ohne die man damals nicht mehr tätig werden konnte. Im April 1934 wurde ihre Aufnahme bestätigt. Aber nachdem sie im Juni in einem Fragebogen ihre „deutsche Abstammung" nachweisen sollte, erhielt sie die Auskunft, sie sei wieder von der Liste gestrichen worden, da sie einen Großvater hatte, der zwar christlich geboren war, aber dessen Familie durch eine spätere Namensänderung von den Nazis als ehemals jüdisch identifiziert wurde. Dadurch war Dora auf einmal „Vierteljüdin". Das hinderte den „Staatskommissar der Hauptstadt Berlin", Abt. III (Berufs- und Fachschulwesen) nicht daran, ihr am 28. Januar 1936 mitzuteilen, dass der NSDAP-Gau Mecklenburg-Lübeck beabsichtige, Gewerbelehrerinnen einzustellen. *„Ich stelle anheim, Bewerbungen unter Beifügung der erforderlichen Unterlagen an die NSDAP, Gau Mecklenburg-Lübeck, Abt. Reichsmütterdienst Schwerin ...zu richten."* Das tat meine Tante dann auch sofort. Offensichtlich war der Bedarf groß, denn schon am 1. Februar. meldete sich das „Deutsche Frauenwerk Abt. Reichsmütterdienst" aus Schwerin, um eine baldige Kontaktaufnahme zu verabreden. Sie hätte sofort anfangen können.

„Es handelt sich beim Reichsmütterdienst im Deutschern Frauenwerk um 10tägige Grundkurse im Kochen, die in allen Orten des Gaues abgehalten werden, sodass Sie alle 14 Tage in einen anderen Ort kommen. Falls Sie in Mecklenburg keine Angehörigen haben, wird Ihnen in einem größeren Ort des Kreises, in dem Sie tätig sind, ein Zimmer gemietet, in dem Sie Ihre Sachen lassen können und ihre freien Tage verbringen. Das Gehalt beträgt im 1. Jahr monatlich RM 80,- netto, die sozialen Abgaben werden von uns voll getragen, außerdem freie Unterkunft und Verpflegung am Kursort..."

Heil Hitler!
Unterschrift: MarthaSchlosser,
Gauabteilungsleiterin für Mütterschulung.

Es folgten dann noch mehrere Briefe über Einzelheiten des Arbeitsbeginns und Ferienzeiten.
Am 27. 4. 1936 aber meldet sich die Reichstelle des Deutschen Frauenwerks. Abt. Reichsmütterdienst, Berlin SO 36, Maybachufer 48

„Frl. Dorothea Lennert
Berlin – Friedenau, Cranachstr. 55
(ohne Anrede)

Die Gauarbeitsgemeinschaft für Mütterschulung
Mecklenburg-Lübeck ließ uns Ihre Papiere zugehen. Wir leiten
Ihnen diese in der Anlage weiter und bedauern, Sie unsern
Lehrkräften nicht einreihen zu können. Die Gründe hierfür
dürften Ihnen bekannt sein.

> *Heil Hitler!*
> *gez. Erna Röpke*
> *Abteilungsleiterin"*

Nun mussten die Mecklenburgischen Mütter also ohne meine
Tante arisch kochen lernen. Sie hat sich dann bis zum Kriegsende durch alle möglichen Gelegenheitsjobs über Wasser gehalten. Laut ihrem „Arbeitsbuch", in dem auf jeder Seite ein großes Hakenkreuz prangte, hat sie zeitweilig als Buchhalterin in
Hotels in Swinemünde und Berlin gearbeitet, aber auch in der
Verwaltung eines Altersheims und als Vertretung in einer Arzt-
praxis. Im Frühjahr 1938 hütete sie für zwei Monate während
einer Reise der Eltern die halbjüdischen Stiefkinder des Dich-
ters Albrecht Schaeffer in Rimsting am Chiemsee ein, bei dem
ihr Bruder Rudolf vorher schon als Hauslehrer gearbeitet hatte,
weil die Kinder keine öffentlichen Schulen mehr besuchen
durften. Ein Jahr später emigrierte die Familie Schaeffer in die
USA.
1937 starb ihr Vater, bevor die Naziverfolgung ihn mit voller
Härte treffen konnte. Vorsorglich hatte er schon 1934 alle 25
Schlachten und Gefechte, an denen er im I. Weltkrieg, zuletzt
als Hauptmann, beteiligt war, auflisten lassen. Seine drei Söhne
verloren als „Vierteljuden" ihre Anstellungen im Öffentlichen
Dienst, aber waren immer noch geeignet, als Soldaten der

Deutschen Wehrmacht in den Krieg zu ziehen. Zwei haben das nicht überlebt.

Dora lebte die ganze Zeit in Friedenau bei ihrer Mutter und hat die Bombardierung Berlins und das Kriegsende miterlebt. Seitdem ging sie zu Silvester immer früh schlafen, weil sie die Raketen nicht mehr ertragen konnte.

Nach Ende des Krieges fand sie vorübergehend eine Anstellung im Berliner Pestalozzi-Fröbel-Haus. Dann bekam sie eine Stelle in einer Berufsschule in Berlin-Lichtenberg. Kaum hatte sich ihr Leben einigermaßen normalisiert, begann im Juni 1948 die Berliner Blockade. Das erhöhte den politischen Druck an der Lichtenberger Schule, sodass sie beschloss, sich eine Stelle in Westberlin zu suchen. Mir liegen dazu zwei vergilbte Schreiben vor.

Das eine – ein Einschreiben – kam am 28.12. 1948 vom Magistrat von Groß-Berlin, Abteilung für Volksbildung – Hauptschulamt.

> *Frl. Dorothea Lennert*
> *Berlin-Friedenau*
> *Menzelstr. 23*
> (wie bei den Nazis ohne Anrede)

„Wir entlassen Sie hiermit fristlos aus dem Berufs- und Fachschuldienst von Großberlin wegen Fernbleibens vom Dienste an der Schule XVII,2, Berufsschule für Mädchen, Berlin-Lichtenberg, Fischerstr. 34, seit dem 8.12. 48.

Die arbeitsrechtlichen Folgen, die durch Ihren Vertragsbruch entstehen, haben Sie zu vertreten.

> *Im Auftrag:*
> *gez. Mann"*

Das zweite Schreiben – übrigens auch ohne Anrede – kam am 25. Februar 1949 vom Bezirksamt Neukölln von Großberlin

Abt. Volksbildung
- Schulamt –

Frau
Dorothea Lennert
Bln.-Friedenau
Menzelstr. 23

Gemäss Verfügung des Hauptschulamtes, Berlin-Charlottenburg v. 21.2. 1948 werden Sie mit Wirkung ab 1.12.48 als Gewerbelehrerin an die Berufsschule XIV, 4, versetzt.

Im Auftrage
(Dr. Neumann)

Hauptschulrat i. V..

So wurde sie vom Fräulein zur Frau, nur durch Versetzung von Lichtenberg nach Neukölln!

Im August 1953 wurde sie zur Beamtin auf Lebenszeit ernannt, was ihrem Vater sicher gefallen hätte. Lange musste sie mit den Bürokraten beim Innensenator darum kämpfen, dass ihre Berufsverbotsjahre auf das Besoldungsdienstalter angerechnet wurden. Seit 1954 ihre Mutter starb, lebte sie alleine. Sie hat noch viele Jahre im schon damals sozial nicht einfachen Neukölln Berufsschüler unterrichtet.

Wegen eines Schlaganfalls mitten im Unterricht und nachfolgender Halbseitenlähmung musste sie sich vorzeitig pensionieren lassen. Kaum war sie nach dem Krankenhaus und der Rehabilitation wieder zu Hause in ihrer Mansardenwohnung, kaufte sie sich zum Entsetzen meines Vaters von ihren Ersparnissen eine kleine Eigentumswohnung in Zehlendorf, da sie auf keinen Fall ihre Unabhängigkeit aufgeben wollte und sich strikt weigerte, in ein Pflegeheim zu ziehen. Sie wollte niemandem zur

Last fallen und, soweit es möglich war, sich selber helfen. Noch im Alter von 70 Jahren beantragte sie bei der Krankenkasse einen Elektrorollstuhl. Man genehmigte ihr aber nur einen Rollstuhl zum Schieben. Daraufhin kaufte sie trotzig einen Elektrorollstuhl für 4000 DM aus eigenen Mitteln. Umgehen konnte sie, die nie einen Führerschein besaß, damit nicht. Ihr Pfarrer fand sie einmal, mit dem schweren Rollstuhl an einer Bordsteinkante fest hängend, und hat sie gerade noch vor dem Umfallen gerettet. Der Rollstuhl verschwand daraufhin im Keller. Nach ihrem Tod sind meine Kinder damit noch ein paar Tage johlend um den Block gekurvt, bevor wir ihn der Gemeinde schenkten. Einmal hat mein Bruder Andreas sie aus Bremen angerufen. Erst nach zehnminütiger Konversation hat sie ihm gebeichtet, dass sie gerade in ihrer Küche gestürzt war und auf dem Boden liegend telefonierte. Mein Bruder benachrichtigte sofort Wohnungsnachbarn und einen Rettungsdienst.

Im Mai 1982 heiratete mein Vater, ihr Bruder, der in München lebte, nachdem seine erste Frau, meine Mutter, verstorben war, eine alte Jugendfreundin, eine Klassenkameradin von Dora aus Dohna in Sachsen. Die Trauung fand in Pirna bei Dresden statt, damals noch DDR. Mit Hilfe eines Tagespassierscheins konnte ich mit dem Auto nach Pirna fahren und nahm meine erheblich gehbehinderte Tante mit. Die Ankunft in Pirna verzögerte sich durch ein sehr DDR-typisches Problem. Als wir uns der damals einzigen Raststätte an der Autobahn Berlin – Dresden näherten, bat meine Tante um eine Toilettenpause. Ich fuhr rechts heraus auf die Raststätte und musste feststellen, dass die gesamte rechte Seite der Anlage einschließlich der Toiletten geschlossen war. Auf einem Hinweisschild wurde die Benutzung auf der Gegenseite empfohlen. Dazu musste man über eine Fußgängerbrücke die Autobahn überqueren. Diese Brücke war wegen Baufälligkeit gesperrt. Ich war also gezwungen, mit meiner Tante, die nur kurze, langsame Schritte machen konnte, die

Autobahn über den Mittelstreifen zu Fuß zu überqueren, was überhaupt nur durch die geringe Dichte des Verkehrs möglich war. Auf der anderen Seite erwartete uns vor der einzigen Damentoilette eine Schlange von etwa zwanzig ungeduldigen Damen. Die ganze Prozedur einschließlich der Rückwanderung über die Autobahn dauerte etwa eine Stunde.

Als wir durch Dresden kamen, machten wir eine kurze Stadtrundfahrt. Vor den Ruinen des Zwingers und der Frauenkirche traten meiner Tante die Tränen in die Augen. Sie kannte das Vorkriegs-Dresden gut und musste nun feststellen, dass die schwere Kriegszerstörung der Stadt 37 Jahre nach Kriegsende lediglich durch sozialistische Magistralen und trostlose Plattenbauten kompensiert worden war.

Wie gern hätte ich ihr das heutige Dresden gezeigt!

Ihr hartes Lebensschicksal ließ sie verbittert und wortkarg werden. Manchmal schaute sie stundenlang stumm meinen Kindern beim Spielen zu und beklagte sehr, dass sie physisch nicht mehr imstande war, allein auf sie aufzupassen. Sie schloss sich eng an ihre Kirchgemeinde an und fuhr regelmäßig auf Seniorenfreizeiten, wo sie dann den Pfarrer eifersüchtig umschwärmte. Ihren 80. Geburtstag konnten wir noch im Kreise der Familie feiern. Nach mehreren Krankenhausaufenthalten verstarb sie 1987.

Ich verneige mich voller Hochachtung vor dem Lebensschicksal dieser Frau. Doch sei mir gestattet, noch ein Satyrspiel anzuhängen.

Bei der Ordnung ihres Nachlasses fiel mir auf, dass das Wohnungsamt Zehlendorf ihr zwei Jahre lang für ihre selbstgenutzte Eigentumswohnung eine Ausgleichsabgabe abgefordert hatte, wie sie aber nur für fremdgenutzte Wohnungen fällig war. Auf telefonische Rückfrage beim Amt wurde mir sofort bestätigt, dass dies ein Fehler war, und man versprach mir die Rückzahlung des zuviel gezahlten Geldes. Stattdessen kamen aber mehrfach vom Computer geschriebene Briefe an meine (verstorbene) Tante mit der Aufforderung, ihre Einkommensverhältnisse darzulegen („zum Zwecke der künftigen Neueinstufung"). Als ich telefonisch nachfragte und erneut an den Tod meiner Tante erinnerte, entschuldigte man sich mit der Überlastung der Mitarbeiter. Doch der Computer schickte hartnäckig weitere Mahnschreiben. Da platzte mir der Kragen und ich beschloss, den Computer direkt anzuschreiben:

An den
Computer des Bezirksamts Zehlendorf
Abt. Bau- und Wohnungswesen
- Wohnungsamt –
Kirchstr. 1-3
1000 Berlin 37

Betr. AFWOG Gesch. Z. 10/0822/010/0/01/01

Lieber Computer,

entschuldige, dass ich Dich nicht mit Deinem Namen anrede, aber Du unterschreibst ja Deine Briefe leider nie.
Ich weiß zwar, dass Ihr Computer alle ein bisschen doof seid, aber ich muss sagen, so langsam gehen mir Deine Schreiben etwas auf den Wecker! Offensichtlich weiß bei Dir die rechte Diskette nicht, was die linke tut, oder wie man das bei Euch nennt.
Dauernd willst Du von meiner seligen Tante Dorothea Angaben über ihr Einkommen usw. haben, dabei ist sie doch, wie Du andererseits von mir seit dem 12.8. weißt, am 1.8. 87 verstorben. Nun mag es ja reizvoll sein, den Kontakt mit dem Jenseits aufrechtzuerhalten, aber vielleicht suchst Du Dir ein anderes Medium dafür als mich.

Andererseits hast Du mir ja schon vor einiger Zeit (mündlich) und am 21.11.87 auch schriftlich zerknirscht mitgeteilt, dass Ihr in Wirklichkeit meine arme Tante seit dem 1.8.85 beschummelt habt, indem Ihr ihr völlig zu Unrecht eine Ausgleichsabgabe abgeknöpft habt. Voll weihnachtlicher guter Vorsätze hast Du mir ja sogar versprochen, das Geld zurückzuzahlen. Zwar hat meine arme Tante davon nichts mehr, aber die Erben würd's halt schon freuen. Vielleicht kannst Du diesen Vorgang mal etwas beschleunigen, indem Du, statt überflüssige Briefe zu schreiben, einfach den Betrag auf das Postscheckkonto meiner Tante überweist...

Nichts für ungut, alter Freund, jeder macht mal Fehler, versuch's einfach noch mal !

Dein Thomas Lennert. "

Der Erfolg war verblüffend. Nach wenigen Tagen rief mich ein Mitarbeiter an, entschuldigte sich und der Betrag wurde binnen kurzem zurückerstattet.

Als anderthalb Jahre später der „Tagesspiegel" über einen ähnlichen Fall berichtete, in dem ein Fünfjähriger vom Computer mehrfach um seine Steuererklärung gebeten wurde, schickte ich dem Lokalredakteur Günter Matthes eine Beschreibung meines Falles, mit der Zusatzbemerkung:

„Was lernen wir daraus?
Vielleicht unterschätzen wir doch das Seelenleben unserer Computer. Sie leiden vielleicht viel mehr, als wir denken, unter der fehlenden gesellschaftlichen Anerkennung. Dann und wann ein persönliches Schreiben könnte da sicher Vieles verbessern. "

Matthes hat dann daraus noch eine hübsche Glosse gemacht.

Nachwort

Die Berliner sind unfreundlich und rücksichtslos, ruppig und rechthaberisch, Berlin ist abstoßend, laut, dreckig und grau, Baustellen und verstopfte Straßen, wo man geht und steht - aber mir tun alle Menschen leid, die nicht hier leben können!

Anneliese Boedecker

Namensregister

Über den Autor

Geboren 1940 in Stettin, Kindheit in Niedersachsen, seit 1955 in Berlin. Studium der Medizin in Berlin, Freiburg und Galway/Irland. Famulatur in Israel. Zunächst Ausbildung zum Internisten, dann Kinderheilkunde in Berlin (FU) und Heidelberg. Fünf Monate als Arzt in Tabuk / Saudi Arabien. Zuletzt Oberarzt für Kinderheilkunde in Berlin (FU / Charité).
Seit 2005 im Ruhestand.
Seit 20 Jahren medizin-historische Studien, Schwerpunkt Emigrationsforschung. Autor einer Biographie über den Berliner jüdischen Kinderarzt Fritz Demuth (Hentrich 2009).
Mitglied der Historischen Kommission der Deutschen Gesellschaft für Kinder- und Jugendmedizin. 2009 2. Platz Tagesspiegel-Erzählwettbewerb.